本书系国家社会科学基金重点项目"城市治理现代化进程中的政府质量提升路径研究"(16AZZ014)的阶段性研究成果

城市创新创业多视角研究

——以常州市为例

芮国强　刘建刚　著

苏州大学出版社

图书在版编目(CIP)数据

城市创新创业多视角研究:以常州市为例 / 芮国强,刘建刚著. —苏州:苏州大学出版社,2017.12
ISBN 978-7-5672-2283-0

Ⅰ.①城… Ⅱ.①芮… ②刘… Ⅲ.①城市经济-经济发展-研究-常州 Ⅳ.①F299.275.33

中国版本图书馆 CIP 数据核字(2017)第 285326 号

城市创新创业多视角研究——以常州市为例
芮国强 刘建刚 著
责任编辑 苏 秦

苏州大学出版社出版发行
(地址:苏州市十梓街1号 邮编:215006)
镇江文苑制版印刷有限责任公司印装
(地址:镇江市黄山南路18号润州花园6-1号 邮编:212000)

开本 700 mm×1 000 mm 1/16 印张 11.25 字数 220 千
2017 年 12 月第 1 版 2017 年 12 月第 1 次印刷
ISBN 978-7-5672-2283-0 定价:35.00 元

苏州大学版图书若有印装错误,本社负责调换
苏州大学出版社营销部 电话:0512-65225020
苏州大学出版社网址 http://www.sudapress.com

序

党的十八大明确提出实施创新驱动发展战略,将其作为关系国民经济全局紧迫而重大的战略任务。党的十八届五中全会将创新作为五大发展理念之首,进一步指出,坚持创新发展,必须把创新摆在国家发展全局的核心位置,不断推进理论创新、制度创新、科技创新、文化创新等各方面创新,让创新贯穿党和国家一切工作,让创新在全社会蔚然成风。李克强总理在2015年政府工作报告中提出,推动大众创业万众创新,培育和催生经济社会发展新动力。2015年6月,国务院颁布了《关于大力推进大众创业万众创新若干措施的意见》,明确指出,推进大众创业万众创新,是培育和催生经济社会发展新动力的必然选择,是扩大就业、实现富民之道的根本举措,对于推动经济结构调整、打造发展新引擎、增强发展新动力、走创新驱动发展道路具有重要意义,是稳增长、扩就业、激发亿万群众智慧和创造力,促进社会纵向流动、公平正义的重大举措。

学界认为,创新是企业家对生产要素的重新组合,是赋予资源以新的创造财富能力的行为,主要有技术创新和社会创新。相对于创新理论,创业研究起步较晚,一般认为,创业是指人们发现和捕捉机会并由此创造出新产品或服务的过程。创业不仅仅局限于创办新企业的活动,在现有企业中也存在创业行为。创新和创业是两个既有紧密联系又有区别的概念:二者在某种程度上具有互补和替代关系,创新是创业的基础和灵魂,而创业在本质上是一种创新活动;二者区别表现在创新更加强调其与经济增长的关系,而创业的内涵更丰富,不仅有创新的内容,还涉及就业和社会发展以及公平正义。

常州市是"苏南模式"的发源地,在乡镇企业、民营经济等诸多领域发展开全国先河。近年来作为苏南自主创新示范区的重要节点城市,常州市以创新创业为重要驱动力,致力于高端制造业,已经形成了智能制造、新材料、光伏、制药等基础雄厚的特色产业,在双创发展方面取得了系列成果。常州市武进区已经成为国家首批双创示范基地,"龙城英才计划"等高端双创人才集聚平台集聚效应已经初步显现,"9·28""5·18"等双创品牌影响力已经日益显著,常州国家高新区、武进国家高新区等双创园区的载体功能日益完备,"中国—以色列""中国—德国""江苏—澳门"等双创国际化特色正在形成,一大批双创企业正在快速崛起。对常州市创新创业进行研究,能够从理论和实践相结合的层面上概括提升常州的做法和经验,探索创新创业推进过程中隐含的理论规律,从而为其他城市的创新创业提供镜鉴和参考。

在一个城市的双创发展中,双创生态体系建设是双创发展的环境保障、园区是双创发展的关键载体、示范基地是双创发展的引领标杆、企业是双创发展的重要主体,生态体系、园区双创、双创示范区、企业就构成了城市双创发展的四个维度,对这四个维度进行研究,能够从不同的视角来剖析城市双创发展的规律。以常州市为例,研究团队从生态体系、园区双创、双创示范区、企业四个视角对常州市双创进行了两年多的研究。截至本专著完成时,常州市2016年的相关统计数据还没有发布,因此本课题的主要研究数据均截至2015年底。

本书第一章由芮国强、刘建刚、严密完成,第二章由芮国强、江涛涛及常州现代服务业研究院部分研究人员完成,第三章由刘建刚和武进国家高新区科技局相关管理人员完成,第四章由芮国强、刘建刚、江涛涛和武进区发改局等相关部门管理人员完成,第五章由刘建刚及常州市科技局吴东康、常州市委研究室吴煜等完成。

目录

第一章 生态体系视角
——常州市科技服务生态体系建设研究 /1

- 第一节 常州市科技创新服务体系建设面临的机遇与挑战 /1
- 第二节 常州市科技服务现状分析 /3
- 第三节 常州市科技创新服务体系现存的问题 /19
- 第四节 常州市科技创新服务体系建设路径研究 /27
- 第五节 常州市科技创新服务体系建设的保障措施 /36
- 第六节 常州市科技服务重点集聚区及重大公共服务平台 /38
- 他山之石(一):其他城市科技服务体系建设经验借鉴 /43

第二章 双创园区发展视角(一)
——常州高新区推进双创对策研究 /51

- 第一节 借助高新平台,创造双创新业绩 /52
- 第二节 对照先进标杆,聚焦双创新问题 /54
- 第三节 激活双创要素,开启经济增长新引擎 /57
- 第四节 深耕双创之壤,优化转型升级新生态 /63
- 他山之石(二):部分高新区双创工作先进经验 /67
- 他山之石(三):国内外推进双创工作的经验 /71

第三章 双创园区发展视角(二)
——武进高新区科技服务业发展研究 /74

- 第一节 武进高新区现状及对科技服务业的需求分析 /74
- 第二节 园区科技服务业发展现状 /78
- 第三节 园区科技服务业发展主要任务 /82

- 第四节　园区科技服务业发展路径分析　/84
- 第五节　组织与保障　/88

第四章　双创示范基地视角
——武进国家创新创业示范基地发展研究　/89

- 第一节　武进双创示范区的基础与特色　/89
- 第二节　武进双创示范基地发展任务研究　/94
- 第三节　武进双创示范基地发展路径研究　/96
- 第四节　武进双创示范基地发展重点工程　/104
- 第五节　武进双创示范区建设阶段　/108
- 第六节　武进双创示范基地发展保障措施　/110
- 附录1　常州市武进双创示范基地重点任务表　/111
- 附录2　常州市武进双创示范基地重点项目列表　/114
- 附录3　常州市武进双创示范基地载体平台一览表　/121
- 附录4　常州市武进双创示范基地扶持政策一览表　/130

第五章　企业视角
——常州市隐形冠军企业创新发展现状与路径研究　/133

- 第一节　常州市隐形冠军企业创新发展现状研究　/134
- 第二节　常州市隐形冠军企业创新发展影响因素研究　/140
- 第三节　常州市隐形冠军企业创新发展典型案例分析　/144
- 第四节　常州市隐形冠军企业创新发展问题分析　/155
- 第五节　常州市隐形冠军企业创新发展对策和建议　/155
- 他山之石(四)：日本YKK只卖拉链活了近百年　/158
- 他山之石(五)：德国工匠精神造就隐形冠军　/162
- 附录1　常州市隐形冠军企业发展情况调查问卷　/164
- 附录2　常州市隐形冠军企业发展影响因素测度表　/166

参考文献　/168

第一章

生态体系视角
——常州市科技服务生态体系建设研究*

综观国内外发展形势,全球新一轮科技革命和产业变革正在孕育兴起,"工业4.0""工业互联网"等国际战略已经提出,科技创新已经成为影响国际竞争的关键成功因素。我国经济发展进入新常态,依靠要素驱动和资源消耗支撑的发展方式难以为继,只有建立科技创新服务体系,形成持续科技创新的原动力,才能完成创新驱动发展战略,实现经济社会持续健康发展。

第一节 常州市科技创新服务体系建设面临的机遇与挑战

目前常州市科技创新服务体系建设面临着三大机遇与三大挑战。

一、三大机遇

1. 国际制造业新战略带来了历史性机遇

近年来,制造业处于领先地位的德国、美国等国家都先后推出了新一代制造业发展战略。德国推出的工业4.0是指利用物联信息系统将生产中的供应、制造、销售信息数据化、智慧化,最后达到快速、有效、个人化的产品供应。美国推出的工业互联网通过智能机器间的连接并最终将人机连接,结合软件和大数据分析,重构全球工业、激发生产力,让世界更美好、更快速、更安全、更清洁且更经济。在新的战略下,科技服务业如何与制造业融合互动,是常州市科技创新服务体系建设面临的历史性机遇。

---

* 本章主要成果得到常州市科技局课题"常州市'十三五'科技创新服务体系研究"的资助。

2. 我国系列重大举措提供了政策支撑机遇

"中国制造2025""一带一路""长江经济带""苏南国家自主创新示范区"等系列国家战略为常州市建设科技创新服务体系提供了政策支撑机遇。"中国制造2025"坚持把创新放在制造业发展全局的核心位置,完善有利于创新的制度环境,推动跨领域跨行业协同创新,突破一批重点领域关键共性技术,促进制造业数字化、网络化、智能化,推动生产型制造向服务型制造转变,走创新驱动的发展道路。《推动共建丝绸之路经济带和21世纪海上丝绸之路的愿景与行动》指出科技合作领域被作为"一带一路"倡议的重点之一,共建联合实验室(研究中心)、国际技术转移中心、海上合作中心,促进科技人员交流,合作开展重大科技攻关,共同提升科技创新能力。《依托黄金水道推动长江经济带发展的指导意见》强调要顺应全球新一轮科技革命和产业变革趋势,推动沿江产业由要素驱动向创新驱动转变,要增强自主创新能力,强化企业的技术创新主体地位,引导创新资源向企业集聚,深化产学研合作,鼓励发展产业技术创新战略联盟,运用市场化机制探索建立新型科研机构,推动设立知识产权法院,深化科技成果使用、处置和收益权改革。《关于建设苏南国家自主创新示范区的实施意见》指出要全面提升自主创新能力,着力强化企业创新主体地位,优化创新创业生态,增强创新核心载体功能;全面深化科技体制改革,着力破除体制机制障碍,加快建设深化科技体制改革试验区;全面推进区域协同创新,着力优化创新布局,强化协同效应,提升区域创新体系整体效能,加快建设区域创新一体化先行区,为创新型国家建设做出积极贡献。常州市具有雄厚的制造业基础,位于"一带一路"交汇点,是长江经济带中的重点城市之一,地处苏南国家自主创新示范区的腹地,我国系列战略举措为常州市科技创新服务体系建设提供了政策支撑机遇。

3. 常州创新发展举措提供了区域发展机遇

推动产业集聚化、高端化、特色化、服务化发展,基本形成就业吸纳能力强、附加值水平高、具有较高资源配置能力和较强国际竞争力的现代产业体系,打造"常州智造"和"常州服务"。常州市"打造十大产业链"着力提升十大产业链技术创新能力,以经济社会发展的重大需求为导向推进示范应用,加快集聚国内外创新资源,发挥企业主体作用和科教、人才优势,加快协同创新与产业升级。常州市在2015年的区划调整中设立金坛区、常州经济开发区,并对天宁区、钟楼区、武进区、新北区进行了局部优化调整,有利于常州市各区内部以及各区之间的创新服务的互动发展,有利于科技服务业与制造业的深度融合。常州市建设"中国—以色列常州创新园"将全面推动中以双方在科技、教育、文化、卫生等领域的创新合作,把"中国—以色列常州创新园"建成国际开放创新合作示范区。常州市的系列战略举措均需要科技服务体系的强力支撑,为常州市科技创新服务体系的建设与快速发展带来区域发展机遇。

二、三大挑战

1. 区域竞争日益剧烈带来的挑战

在科技服务业发展方面,常州市面临着同区域内苏州、无锡、南京等城市的激烈竞争,常州科技服务业如何面对挑战错位发展,建立一个与其他城市能够优势互补的、具有鲜明特色的科技创新服务体系至关重要。

2. 转型压力日益增大带来的挑战

常州市的经济发展正在进入新常态,"三期"叠加特征显著,发展速度相对较缓、结构优化相对不足、动力转换相对较小,如何为常州市经济提质增效升级提供优质科技创新服务,已经成为常州市建设科技创新服务体系的全新挑战。

3. 要素瓶颈日益突出带来的挑战

人力成本大幅上升、发展资金不足、可用土地资源大幅减少等发展要素的新变化,已经成为常州市建设科技创新服务体系的挑战。

第二节 常州市科技服务现状分析

"十二五"期间,随着产业的转型升级和新兴业态的不断涌现,常州市科技服务业总体上已有了较大发展。科技服务业与制造业,科技服务业与其他服务业,科技服务业与大数据、互联网、云计算、移动互联等新兴技术,正在融合互动,快速发展。创新型城市建设、智慧城市、产业转型升级、产城融合发展等均需要科技服务业的有力支撑。"十二五"期间常州市科技服务业取得了系列成果,同时在产业集聚、平台建设、机构发展等层面都出现了新的发展动态。

一、科技服务业发展成果初步显现

近年来,科技服务业发展迅速,取得了一定的成果,可以从其创新能力、技术服务能力、高新技术企业发展状况、科研人才培育及产学研合作成果等多方面展现出来。

1. 科技创新能力稳步提升

常州市历来注重科技创新,在2014年12月16日福布斯发布的中国大陆城市创新能力排行榜上,常州居于第十位,在江苏省内排名第四。这充分显示了常州市的整体创新能力和科技服务业的发展水平。

创新驱动战略是经济社会发展的核心战略,能进一步强化创新发展的导向,有力促进创新成果的大幅增长。

专利是科技创新能力的重要体现,专利申请以及授权情况能充分反映本地区的科技创新水平,专利申请及授权数量的增长体现出综合科技实力和自主创新能力的稳步增强。2009年,常州市专利申请量和授权量分别达12 116件和4 857件,分别比上年增加2 970件、2 321件;专利申请量首次突破万件大关,申请量为上年的2倍多;授权专利比上年增长91%。2010年,全年专利申请量达到15 872件,比上年增长31.0%;专利授权9 093件,比上年增长87.2%。2011年,专利申请量达到23 413件,比上年增长47.5%;专利授权11 390件,比上年增长25.3%。2012年,完成专利申请39 391件,比上年增长68.4%;专利授权15 379件;万人发明专利拥有量由上年的4.77件增加到7.59件。到2013年,完成专利申请41 705件,其中发明专利11 840件;专利授权18 207件;万人发明专利拥有量10.21件。2014年,专利申请量达到37 833件,其中发明专利11 668件;专利授权18 152件;万人发明专利拥有量13.9件。2015年,完成专利申请38 559件,其中发明专利13 211件;专利授权21 585件;万人发明专利拥有量18.78件。2010—2015年常州市专利申请和授权情况如图1.1所示。

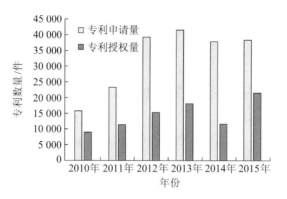

数据来源:《常州市统计年鉴》*

图1.1 2010—2015年常州市专利申请和授权情况

专利包括发明专利、实用新型专利和外观专利。专利的类型构成可以反映科技创新的侧重点。从专利申请上看,从2010年到2013年,发明专利数量稳步上升,分别为3 317件、6 125件、10 123件、11 840件,所占比例也逐渐加大;2014年略有下降,为11 668件;2015年略有上升,为13 221件。从专利授权情况来看,发明专利的授权数量也不断增加,2013年达到1 173件,2014年达到1 696件,2015年达到2 664件,由此可见科技创新能力得以加强。2015年专利申请与专利授权的构成分别如图1.2和图1.3所示。

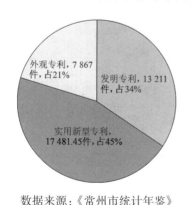

数据来源:《常州市统计年鉴》

图1.2 2015年常州市专利申请量构成

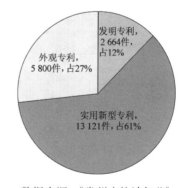

数据来源:《常州市统计年鉴》

图1.3 2015年常州市专利授权量构成

---

* 本书中《常州市统计年鉴》是指2010年到2016年的统计年鉴。

常州市规模以上工业企业的科研能力也得到了进一步加强,研发活动日益普及,研发力度进一步加强,企业中专利申请数稳步上升。2010年至2015年,常州市规模以上工业企业研发活动的基本情况如图1.4所示,常州市规模以上工业企业专利情况如图1.5所示。

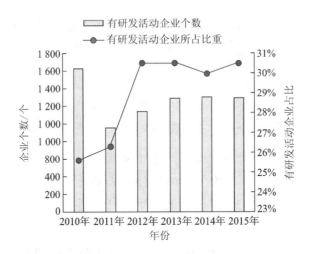

数据来源:《常州市统计年鉴》

图1.4　2010—2015年常州市规模以上工业企业研发活动的基本情况

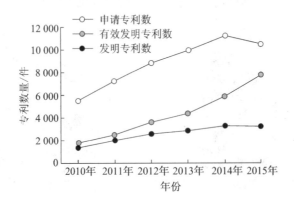

数据来源:《常州市统计年鉴》

图1.5　2010—2015年常州市规模以上工业企业专利情况

2. 科技服务成果有所增长

科技服务业的发展成果不仅表现为科技创新能力,还体现在将这种能力转化为生产力的水平,通过科技服务成果来展现,主要指标有高新技术产品情况、技术(市场)贸易情况、科技企业孵化器的数量等。

从2010年到2015年,省级高新技术产品数量分别为3 069件、2 440件、2 803件、3 553件、5 155件和5 971件,其中当年经省确认的高新技术产品数量分别为385件、528件、779件、819件、750件、1 602件和816件,如图1.6所示。

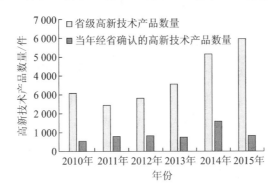

数据来源:《常州市统计年鉴》

图1.6　2010—2015年常州市高新技术产品情况

技术(市场)贸易情况可由网上登记技术合同项数和网上登记技术合同成交金额来反映。从2010年到2015年,网上登记技术合同分别是2 505项、1 817项、1 856项、1 537项、1 135项、1 762项;网上登记技术合同成交金额分别是17 400万元、39 420万元、137 310万元、222 300万元、464 100万元、416 325万元、440 473万元,分别如图1.7和图1.8所示。

数据来源:《常州市统计年鉴》

图1.7　2010—2015年常州市网上登记技术合同项数

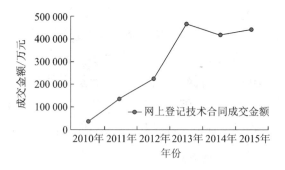

数据来源:《常州市统计年鉴》

图1.8 2010—2015年常州市网上登记技术合同成交金额

科技创业服务方面,常州市逐步走上了专业化、链条化的道路。一是专业孵化器迅速发展。为加快新兴产业创新成果转化、技术孵化和企业培育,推动技术成果的产业化,常州市在软件、生物医药、生命健康、新能源、集成电路、动漫、环保、新材料、工业设计等产业领域,建立了科技企业孵化器、大学科技园、留学生创业园区等多家专业性孵化器,全市孵化器内各类专业技术平台和服务机构数量也已达到300多家,孵化小微企业2 000多家,其中,毕业企业1 200多家。二是形成了科技创业孵化链条。常州市针对不同成长阶段科技企业的需求,根据不同企业类型,建设与之相适应的不同类型的科技创新创业孵化载体,积极建构"创业苗圃—孵化器—加速器"的由小到大、由低到高、由慢到快的孵化基地链条,形成了"创业导师+专业孵育+创业投资"的孵化服务链条。从2010年到2015年,常州市科技企业孵化器个数分别为39个、49个、64个、77个、92个、108个,如图1.9所示。

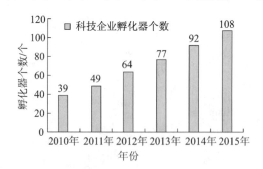

数据来源:《常州市统计年鉴》

图1.9 2010—2015年常州市科技企业孵化器个数

在技术转移方面,随着技术转移服务业的发展,逐步实现了技术转移的无缝化。一是建构起了从高校到企业的无缝化技术转移网络。常州市成立了常州技术产权交易中心,常州大学成立了国家级的技术专业中心,并在溧阳、金坛等地成立了分中心。二是技术转移服务专题化与常态化并举。江苏佰腾科技有限公司(包括佰腾网、校果网、高端装备制造业知识产权服务平台等),有效整合了常州市的科技成果、项目资源,为促进产学研合作,加快科技成果转化提供了直接便利的途径。

3. 高新技术产业增长较快

高新技术产业发展加快,产业竞争力也得到了相应提升,企业承担重大项目的能力也随之增长。2009年,新标准认定高新技术企业113家,全市规模以上高新技术产业(市口径)完成产值2 887亿元,比上年增长23.9%。2010年,新认定高新技术企业121家。2011年,全市新增高新技术企业165家,累计达618家。2012年,新认定国家高新技术企业106家,累计达724家。2013年,全市新增高新技术企业136家,累计达到860家,完成规模以上高新技术产业产值超4 100亿元,占规模以上工业总产值41%以上。2014年,全市新认定的高新技术企业155家,累计达987家。2015年,全市新认定的高新技术企业63家,累计达1 050家。图1.10和图1.11分别展现了高新技术企业和高新技术企业总产值的增长情况。

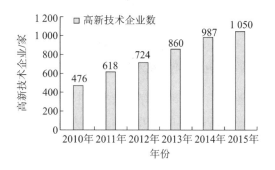

数据来源:《常州市统计年鉴》

图1.10　2010—2015年常州市高新技术企业增长情况

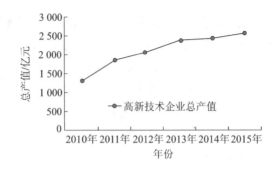

数据来源:《常州市统计年鉴》

图1.11 2010—2015年常州市高新技术企业总产值增长情况

2015年,规模以上工业总产值达到11 454.3亿元,规模以上高新技术产业总产值为4 975.6亿元,占规模以上工业总产值的比例达43.4%,如图1.12所示。

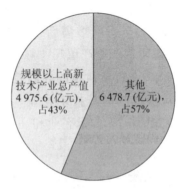

数据来源:《常州市统计年鉴》

图1.12 2015年常州市规模以上高新技术产业总产值占规模以上工业总产值的比例

与高新技术企业同步增长的还有省级高新技术产品累积数,从2009年的2 387件逐渐增长到2015年的5 971件。这从另一个侧面展现了高新技术企业正飞速成长。

4. 科技人才初步集聚

人才是科技发展之根本。近年来,科技人才不断涌现,服务人员队伍规模快速壮大、素质不断提升,已成为常州市科技服务业发展的一大助力,同时也是常州市科技服务业蓬勃发展的成果之一。

2009年,常州市加快引进高层次人才,以技术为先导、资金为重点、产业化为目标,组织实施领军型海归创业人才引进计划项目,大力引进创业人才及团队,第五批领军型海归创业人才签约96个项目,千名海外人才集聚工程的5年任务3年完成。建立招商引资与招才引智联动的运行机制,组织海外人才招聘活动,拓宽与海外留学人员的沟通联系渠道。年末全市拥有各类专业技术人员35万人,比上年增长6.5%;引进各类专业技术人才3.1万人,其中博士258名,硕士1 396名。

2010年,常州市进一步深入实施人才强市战略和人才优先发展战略,以更大力度、更实措施加快招才引智步伐,加快聚集创新创业人才。启动实施新一轮"千名海外人才集聚工程",组织两批领军型创新创业人才引进项目,共有195个领军型创新创业人才项目签约常州。至2010年底,共有12名入选国家"千人计划"的人才、84名入选省"双创人才"的人才在常州创新创业。年末全市拥有各类专业技术人员37.2万人,比上年增长6.1%。引进各类专业技术人才3.3万人,其中博士508人,硕士1 267人。

2011年,启动实施"龙城英才计划",全年引进250个领军人才创新创业团队,30多名国家"千人计划"人才签约来常州创新创业。实施企业高层次科技人才培育计划236个,入选省优秀科技创新团队1个、省"双创人才"25名,获得国家和省级科技人才项目的支持经费5 000万元,领军型创业人才创办的企业累计获得2.6亿元科技和人才专项资金。年末全市拥有各类专业技术人员41.4万人,比上年增长11.3%。全年接收大中专毕业生、引进各类技术人员37 185人,其中博士157人,硕士1 842人。人才高地加快构筑。

截至2012年底,共有396个领军人才签约常州市创新创业。全市累计引进领军人才1 200名,其中国家"千人计划"108名,省"双创"145名,形成了"搭建平台,引进人才,孵化企业,培育产业"的良好创新创业氛围。成立常州市高新技术企业协会,加强企业家之间的互动与交流。设立专项培训科技企业家,共组织2批115名高新企业负责人参加市科技型企业家培训班。

2013年,实施第四、第五批"龙城英才计划",共引进"千人计划"人才155名。常州市人才建设取得了一定的成果。

截至2014年,常州市科技服务业从业人员已经超过70万人,学历结构逐步优化,整体素质不断提升。以常州科教城为典型的科技服务业集聚区的科技服务从业人员中,领军型人才逐步涌现,人才集聚效应开始呈现,团队逐步优化。

2015年,为进一步汇聚领军型创新人才,推动创新发展,根据常州市委、市政府《关于全面深化"龙城英才计划",加快推进苏南人才名城建设的意见》和常州市人才工作领导小组《关于加大领军人才项目支持力度,推进十大产业链建设的实施意见》精神,经研究,决定实施2015年常州市杰出创新人才"云计划",旨在发挥常州市企业引进人才的主体作用,以产学研合作、创新平台建设、项目实施为载体,引导一批领军型创新人才"为我所用",到常州市创新发展。

5. 产学研合作进一步加强

科技服务业的发展可以有效推动产学研合作。

自2009年开始,产学研合作不断深入,全市举办"5·18展示洽谈会"等产学研合作及对接活动80余场,签订合作项目271项。

2010年,产学研合作得以纵深推进。高层次研发机构的引进和建设为全市产业创新和人才聚集提供了有力支撑,一批科技成果与企业有效对接、成功转化。年内举办"轨道交通技术创新与国际合作"论坛、"智能电网产业技术发展国际论坛与专题产学研对接活动"等较大规模国际科技合作对接、技术交流活动4次,开展重大产学研合作活动23场、各类产学研专题对接45场次,参与企业超过2 000家,正式签订产学研合作项目368项,签订技术合作合同总金额近4亿元。与北京理工大学、北京科技大学等达成56个合作意向,与北京航空航天大学签订全面战略合作协议,与浙江大学、中国机械研究总院等16家高校院所新签或续签校地合作协议,中国机械研究总院签约入驻科教城,中科院长春应用化学研究所储能材料与器件研究院落户天宁。

2011年,产学研用结合更显特色,成功举办"5·18"展示洽谈会,签约34个重大项目,其中16个重大产业化项目的技术合同总金额达2.39亿元。新增省级工程技术研究中心15家、企业技术中心12家、博士后科研工作站4家,产学研合作不断深化。成功举办"2011中国常州先进制造技术成果展示洽谈会",吸引140多家高校和科研院所、1 400多名专家、1 800多名企业家参加,达成合作项目160多项,其中108个项目现场签约,协议金额4.3亿元。充分发挥国际技术转移服务平台作用,重点开展与俄罗斯、以色列、英国、澳大利亚等国的交流合作;以"医疗器械和转化医学"为主题,举办第二届中英科技桥开放创新研讨会,"干细胞/微载体创面敷料"等7个项目达成实质性合作协议。年内共组织国际科技合作与交流27次,开展重大产学研合作活动13场,正式签订产学研合作项目310项。

近年来,中科院与常州市的合作更加紧密和深入,截至2014年,常州已经建立了14个分中心,成立了以公共技术研发为主的六个研究院所,孵化30个高科技公司,与企业签约合作项目300多个,已实现产业化销售收入近200亿元。2015年,常州引导20多家公共研发机构建立创新机制,加快增强从市场中赢得持续发展的能力和活力,并积极融入江苏省产业技术研究院科技体制改革"试验田",江南石墨烯研究院、北京化工大学碳纤维应用研究院、常州机器人与智能装备研究院及南京大学医药与生物技术研究院4家科研院所入选省产研院专业所序列(全省有23家),数量列全省第一,获省经费支持5 459万元。特别是江南石墨烯研究院,在石墨烯原材料制备领域成效显著,先后孵育出"碳元科技""二维碳素""第六元素"等行业先导企业,研发出石墨烯手机电容触摸屏、石墨烯重防腐涂料、石墨烯蛋白质分离试剂、石墨烯智能发热服等7项"世界首款"科技产品。由此可见,近年来常州市新兴产学研研发载体发展初具规模。

常州市始终坚持政府搭台、企业唱戏,不断完善以企业为主体、市场为导向、产学研相结合的技术创新体系。从"5·18"到"天天5·18",从大型产学研对接、走访到小型、专门、有效的产学研小分队,常州产学研合作创新成效凸显,实现了从数量到质量、从形式到实效的转变。

二、科技服务业产业集聚基础相对良好

经过多年的发展,常州市科技服务业已经初步形成了基础相对良好的产业集聚区域,已经形成了重点集聚区、基本集聚区、初步集聚区的集聚体系。其中重点集聚区为常州科教城科技服务业集聚区,基本集聚区为常州高新区科技服务业集聚区、武进高新区科技服务业集聚区,初步集聚区为西太湖科技园、钟楼区科技大街、天宁恒生科技园、黑牡丹科技园、溧阳中关村科技园、金坛华罗庚科技产业园、常州市经济开发区科技服务业集聚区。

1. 重点集聚区

重点集聚区是常州科教城科技服务业集聚区。常州科教城为江苏省科技服务业集聚区,以电动汽车、机器人、智能装备、生物制药、节能环保等为主要服务领域,形成了具有鲜明特色的集科技研发、技术转移、创业孵化、科技金融为一体的科技服务业集聚区。在科教城集聚区中研发、金融、咨询等科技服务业面积50万平方米,孵化面积100万平方米,在建面积50万平方米,现已集聚了科技服务机构50多家、在孵科技型企业600余家,已经建设省产业技术研究院专业研究所"2.5"家、省重大创新载体4家、省重点实验室1家、省科技公共服务平台4家、省级企业院士工作站1家、市级重点实验室23家、公共技术服务平台16家、企业工程技术研究中心6家。建立了常州ISIS国际技术转移中心、中以合作技术转移基地等一批国内、国际科技成果转移转化机构。通过创业孵化平台吸引了一大批国内科技人才和海归人才来常州创新创业,其中国家级人才99人(其中国家千人计划46人、中科院百人计划8人、教育部长江学者13人),省高层次创新创业人才51人,研发技术人员总数达到1.55万人,海归创新创业团队达403个。集聚区已经建成科技金融中心,引进工商银行、交通银行2家科技支行和22家创投机构。集聚区已经建成市区联动行政服务中心,目前已有工商、国税、地税、质检、公安等行政部门入驻,建立综合服务类机构30多家,能够提供政策咨询、行政许可等一站式服务。

但是集聚区目前也存在着龙头企业(机构)不多,集聚效应不够显著,与产业互动不够深入,骨干企业科技服务业务主辅分离进展不快,科技服务高端人才缺乏等问题。

2. 基本集聚区

基本集聚区主要包括:常州市高新区科技服务业集聚区、武进区高新区科技服务业集聚区。

常州市高新区科技服务业集聚区,主要服务于常州市国家高新区及周边企业,形成了以光伏、环保、新材料、智能电网、创意产业等为产业服务领域的科技服务业基本集聚区,建成了浙江大学常州工业研究院、常州印刷电子产业研究院、中科院遗传资源研发中心(南方)常州分中心、常州市智慧城市产业研究院等科技研发平台,建成了江苏省常州电子基础材料检测技术服务中心、江苏省(常州西夏墅)精密工具产业公共技术创新服务中心等科技服务平台,建成了常州中英科技桥、国家绿色镀膜工程技术与装备研究中心常州基地、四川大学生物医药常州技术转移中心等技术转移平台,常州高新技术创业服务中心、常州三晶信息技术孵化器、创意产业基地孵化器等创业孵化器。常州高新区建设了科技金融服务中心,能够提供包括财务、税收、拨改投、技术贸易、投资担保、统计等的科技服务。

武进区高新区科技服务业集聚区,主要服务于武进区高新区及周边企业,形成了以智能装备、节能环保及电子信息等为产业服务领域的科技服务业基本集聚区,建成了江苏省半导体照明产品研发与检测公共技术服务中心等科技服务平台,建成了常州半导体照明应用技术研究院等技术转移平台,建成了武进高新技术创业服务中心、常州市武进科创孵化园、江苏津通信息技术孵化器等创业孵化平台。形成了以武进工业设计产业园为主的技术交易、金融服务、信息交互等服务平台。

3. 初步集聚区

初步集聚区主要包括:西太湖科技园、钟楼区科技大街、天宁恒生科技园、黑牡丹科技园、溧阳中关村科技园、金坛华罗庚科技产业园、常州市经济开发区科技服务业初步集聚区。

西太湖科技园科技服务业初步集聚区,服务于武进经济开发区及周边企业,形成了以先进碳材料产业、健康产业、电子商务及软件为产业服务领域的科技服务业初步集聚区,建成了江南石墨烯研究院等科技研发平台,建成了上海交通大学常州技术转移中心、常州西太湖医疗器械研究院等技术转移平台,建成了常州西太湖国际智慧园、常州西太湖医疗产业科技企业加速器等创业孵化平台。

钟楼区科技大街科技服务业初步集聚区,形成了以新能源汽车、电子信息和软件、文化创意为产业服务领域的科技服务业初步集聚区,建成了千人计划常州新能源汽车研究院等科技研发平台,建成了北京自动化研究所常州技术转移中心等技术转移平台,建成了常州钟楼高新技术创业服务中心、千人计划(常州)新能源汽车研究院科技企业孵化器等创业孵化平台。

天宁恒生科技园科技服务业初步集聚区,以创业孵化企业、中小型科技企业为服务对象,形成了以金融服务、创新创业服务、政策服务为主体的服务平台,建成了常州恒生科技园孵化器、常州市龙城学生创业科技孵化器等创业孵化平台。

黑牡丹科技园科技服务业初步集聚区,致力于打造集高端产业总部基地、科技企业加速器和创业创新优质服务基地为一体的现代都市经济综合体。

溧阳中关村科技园科技服务业初步集聚区,形成了以新能源汽车、生物医药、高端装备制造为产业服务领域的科技服务业集聚区,设立了上海交大节能减排研究院、时创新能源研究院等科技研发平台,建成了江苏省溧阳输变电装备工程复合材料公共技术服务中心等科技服务平台,建成了溧阳高新技术创业中心、溧阳市天目湖机电创业园等创业孵化平台。

金坛华罗庚科技产业园科技服务业初步集聚区,形成了以智能装备制造、新能源、新材料、高档纺织服装为产业服务领域的科技服务业集聚区,园区定位于集聚高科技人才、孵化新兴产业、培育科技成长性企业和生产性服务业企业。已经设立了江苏省纺织服装产业公共技术服务平台、江苏省内燃机及机械零部件检验检测公共技术服务中心等科技服务平台,建成了金坛高新技术创业服务中心、金坛红太阳科技园有限公司等创业孵化平台。

常州市经济开发区科技服务业初步集聚区,形成了以先进轨道交通、智能电网等产业为产业服务领域的科技服务业集聚区,建成了常州加州科技港电子软件专业孵化器等创业孵化平台。

三、科技服务平台建设稳步提升

随着常州市科技创新的稳步提升,常州市科技服务业在平台建设方面,初步建成了重大创新载体、企业和产业研究院、科技公共服务平台体系结构,初步形成了国家级、省级、市级多级平台的优势互补,初步掌握了以企业为主体、市场为导向、产学研相结合的平台建设方法,稳步推进企业成为技术创新平台建设决策、投入的主体。

目前常州市已经获批常州创意文化产业产学研联合创新服务平台等省级重大创新载体8个,围绕创意产业、轨道交通、新能源、新材料、先进设备等产业,建立起了集产业技术研发、人才集聚和培养、公共技术服务、科技成果转移转化为一体的创新服务平台,8个省级重大创新载体分别分布于武进区(5个)、新北区(2个)、天宁区(1个)。常州市以企业为主体,围绕新能源产业建立了江苏省(新誉)风电装备技术研究院等2家省级企业研究院,以政产学研用相结合为方法,围绕新能源、新材料、装备制造等产业建立了江苏省(常州)石墨烯研究院等4家省级产业研究院。常州市围绕服务与十大产业链,立足于提供科技资源共享服务、公共技术服务、创新创业服务,建成江苏常州智能检测控制技术与数字化设计制造技术服务平台等省级科技服务公共平台21个、常州高新区工业设计中心等市级科技服务公共平台53个。

四、科技服务机构发展持续推进

自2006年以来,常州市先后出台了《常州市"十二五"科技创新六大工程实施意见》《关于推进企业研发机构建设的实施意见》等文件,企业研发机构研究水平不断提升,高水平科研机构快速增长,技术和人才储备得到加强,专业性产业技术研究机构建设初见成效。经过近几年的快速发展,目前常州市拥有"两站三中心"914家,其中博士后科研工作站50家(国家级20家)、企业院士工作站40家、工程研究中心16家(国家级2家)、企业技术中心309家(国家级7家)、工程技术研究中心499家(国家级1家),国家级科研机构30个、省级科研机构437个、市级科研机构447个。同时建有市级以上高新技术重点实验室63家,其中国家级1家、省级11、市级51家。2014年,全市新增省级以上企业研发机构74家,累计建成"两站三中心"1 051家。新增孵化器(加速器)国家级2家、省级2家、市级14家,新增孵化、加速面积超113.4万平方米,累计达700多万平方米,培育科技企业近5 400多家。国家创新型科技园区企业营业总收入1 529.6亿元,净利润94.6亿元,科技活动经费总投入61.7亿元。2015年,全市新增省级以上企业研发机构73家,累计建成"两站三中心"1 159家,其中省级以上602家。新增孵化器、加速器16家,累计达108家;新增孵化、加速面积超100万平方米,累计达800多万平方米。积极推进江苏省智能装备产业技术创新中心及4家省产业研究院预备研究所建设,其中2家正式挂牌;完成20家市级重大公共研发机构的建设和提升。这些平台设施已逐步完善,对社会科技创新服务能力得到明显提高。除此之外,不少企业开始自办科技服务机构,参与机构科技活动的人员数量也有显著增长。这对于加快新兴产业培育和传统产业提升,推动创新成果及时转化和产业化,加大为中小企业的研发、技术服务,有着重要意义。2010年至2015年,常州市企业办科技机构的情况及机构科技活动人员数具体如图1.13所示。

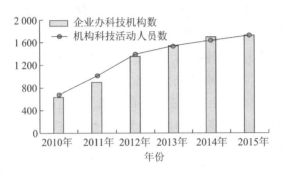

数据来源:《常州市统计年鉴》

图1.13 2010—2015年常州市企业办科技机构情况

通过各级各类科技计划项目的引导和支持,企业研发机构已成为常州市科技创新和产业技术进步的重要载体,对新兴产业的培育和优势产业的升级起到了重要的支撑作用,要素集聚明显提高,基础条件不断改善。据统计,截至2013年底,常州市大中型工业企业和高新技术企业已建各类研发机构1 292个,研发机构建有率90%以上,比2011年提高了27个百分点。拥有研发场地213万平方米,研发人员5.43万人,研发仪器及设备资产总额140.6亿元,其中单价10万元以上的仪器设备2.5万台(套)。研发投入明显增多,创新活动日趋活跃。据统计,2013年常州市大中型工业企业和高新技术企业研发机构研发支出82.76亿元,申请专利2.5万多件,其中发明专利申请7 000多件。研发机构的研发支出、专利申请和发明专利申请约占常州市总数的70%、60%、60%。

目前,常州市企业研发机构建设中多项工作走在江苏省前列。2013年常州市有12家省级工程技术研究中心绩效评估优秀,江苏省科技厅对每家企业奖励40万元,共奖励480万元,列全省第一位;2014年常州市有39家企业列入江苏省重点企业研发机构队伍,数量列全省第三;常州先进所与北化常州研究院通过近一年的努力最终进入江苏省产业技术研究院专业研究所行列,2015年各获500万元经费支持,常州市进入省产业技术研究院专业所的科研院所的数量在全省各市同类型科研院所中排名第一;天合光能国家重点实验室在2013年成功通过验收,2014年召开了国家重点实验室年会和"光伏科学与技术"论坛大会,科技部、省科技厅、市政府领导及国内外顶级专家出席会议并做重要讲话,为光伏行业企业下一步创新研发指明了方向;省级企业重点实验室在2014年取得零的突破,亿晶光电和科试中心分别获得300万元的经费支持。2014年,省科技厅确认了江苏省首批重点企业研发机构名单,其中凡登(常州)新型金属材料技术有限公司、布勒(常州)机械有限公司、江苏立华牧业有限公司、江苏亚邦药业集团股份有限公司等39家企业研发机构成功入选,入选数量列全省第三。2014年,常州市企业争取到省科技厅支持研发机构建设经费4 100万元,比上年增长60%。2015年,常州市有8家企业在省重点企业研发机构绩效评价中评价结果为优良;有22家企业在省重点企业研发机构绩效评价中评价结果为合格。

第三节　常州市科技创新服务体系现存的问题

常州市科技服务业虽然取得了一些成绩,但是对照国内外的更高标杆和周边的兄弟城市,常州仍存在一些亟待解决的深层次问题。而清楚地认识问题所在,并尽可能地想办法去解决问题,能够有效推动常州市科技服务业持续健康稳定的发展。

综合常州市科技服务业的发展情况,目前常州市科技服务业发展存在以下四个问题。

一、整体规划不足,政策环境有待改善

虽然近年来常州科技服务业发展取得了不少成果,也在一定程度上推动了常州市经济的稳步发展,但是"十二五"及之前的常州科技规划中没有单列科技服务业内容,所做的科技服务"十二五"规划也没有具体实施。由此可见,在宏观层面上,"十二五"期间常州科技服务业发展出现"规划不足",缺乏有针对性的战略意义上的高屋建瓴的指导和规划,科技服务业中各个行业、产业和企业的发展大多呈现自发、自然发展的状态。

缺乏整体规划的科技服务业,会在发展中后劲不足,表现为科技服务业空间布局不合理、辐射能力有待增强、市场竞争加剧,而这些将不利于科技

服务业的持续稳定发展。

目前常州市各区域的科技服务业发展路径相似,科技服务企业间同质化程度高,企业定位过于笼统,细分定位意识不足,企业的核心领域相互重叠,不能充分发挥各科技服务企业的比较优势和协同作用。这一问题的产生也主要源于科技服务业的整体规划不足。

科技服务业是随着政府职能转变逐步发展起来的,对市场的适应性比较弱,所以国家及地方政府对科技服务业的政策引导非常重要。但是目前针对科技服务业发展或者规范科技服务机构各项行为及权利义务的政策条例或法律法规尚不健全,致使在许多方面出现法律真空、无章可循的现象,导致机构在服务过程中出现的问题与纠纷难以及时、妥善地解决,大大降低了科技服务业的行业效率。欧美国家的科技服务业发展较快,发展水平较高,很大程度上得益于其采用的政策引导机制。

现阶段,常州市还未对相关的科技服务机构给予明确的法律定位,对各类机构的功能没有进行整体规划和合理布局,使其基本处于无序发展状态。由于科技服务业的产生和发育时间较短,因此常州市各级政府对政策引导的重要性认识还不够充分,政府对于如何正确引导科技服务业的发展还缺乏经验,政策法规的覆盖面还非常有限,对科技服务业的引导还处于探索之中,切合实际、可操作性强的鼓励政策与相关措施较少。政策对科技服务业的支持停留在宏观上、表面上,不直接、不具体,并且缺乏针对性;对科技服务单位的推动力度不够,对科技服务单位创业机制的形成扶持不足,市场对资源配置的基础作用发挥较弱;常州市科技服务单位与第二产业的对接存在问题,科技服务创新能力未能彰显,科技服务意识与脱离旧体制生存意识较弱;科技服务单位产业定位不准,政府财政对科技服务业扶持不够,金融介入科技服务产业发展程度不深。

大量的资金投入是任何行业发展的重要保障,特别是作为对科学技术创新要求非常高的科技服务业,对资金的需求更是迫切。总体来看,有关科技服务业投入不足,占GDP比重依旧不高。科技服务业的非营利性导致其投资渠道严重受限,再加上科技服务机构的法律地位不明确,常州市外商、个人和政府在该产业上的资金投入很有限,相对于常州市科技服务业发展的资金需求,存在着明显缺口。

科技服务业所提供的服务产品大多是无形的知识产品,容易受到不法剽窃和模仿。因此,及时有效地保护知识服务产品及其提供者的合法权益,对规范和加快科技服务业发展至关重要。近年来,各级政府都通过立法形成了一系列的法律法规,不断加强对知识服务市场的规范与管理,保障科技服务业企业和组织的合法权益。但是,法律法规还有待进一步完善,特别是在执法过程中由于多方面的原因,对侵犯知识型服务企业正当权益的违法行为的打击力度还不够,影响了常州市科技服务市场的规范性发展。

二、发展速度相对较慢,区域失衡现象突显

虽然说近年来常州市科技服务业发展迅速,发展势头良好,但是相对于省内其他城市而言,还存在不小的差距。就高新技术产业产值而言,2010年至2015年,常州市都仅排第五,在苏州、无锡、南京、南通之后,与排名第一的苏州,差距先拉大后缩小,其中,2013年差额最大,差额近10 000亿元。2010年至2015年江苏省各市高新技术产业产值如表1.1所示。

表1.1 2010—2015年江苏省各市高新技术产业产值

单位:亿元

市	2010年	2011年	2012年	2013年	2014年	2015年
南京市	3 383.41	4 260.40	4 739.55	5 402.73	5 740.66	5 918.94
无锡市	4 429.91	5 337.22	5 665.21	6 346.30	6 110.66	6 211.38
徐州市	1 061.13	2 000.01	3 016.11	4 013.63	4 047.74	4 505.26
常州市	2 370.12	3 100.55	3 555.22	4 471.83	4 805.99	4 975.62
苏州市	9 022.65	10 530.84	11 888.80	14 178.77	13 644.87	13 962.32
南通市	2 599.99	3 250.83	3 822.80	5 115.92	5 404.94	6 048.45
连云港市	646.28	868.70	1 144.58	1 426.58	1 699.25	1 936.90
淮安市	479.17	580.70	956.49	1 244.63	1 473.86	1 687.22
盐城市	687.54	908.46	1 302.54	1 830.27	2 044.97	2 455.42
扬州市	2 341.29	3 093.06	3 106.72	3 650.80	3 880.85	4 032.30
镇江市	1 654.37	2 251.51	2 814.42	3 560.56	3 900.80	4 337.49
泰州市	1 591.51	2 063.19	2 639.27	3 772.74	3 888.13	4 528.76
宿迁市	87.46	132.30	389.76	572.70	665.19	773.55

数据来源:《江苏省统计年鉴》

从专利申请和授权情况来看,常州市与兄弟城市之间也存在明显差异。2015年,苏州市专利申请数量98 700件,专利授权62 200件;常州市专利申请和授权数量仅为38 559件和21 585件,专利申请数少于苏州约6万件,而专利授权数更是只有苏州的34.7%,差距十分显著。从有研发活动的企业数和企业办科研机构的数量来看,同样差距明显。

数据显示,虽然常州市科技服务业发展整体形势良好,但与周边城市横向比较还存在较大差距,发展速度相对较慢。认清这一客观现实,对明确常州市科技服务业自身定位和后续发展有着重要意义。

科技服务业是知识经济的重要组成部分,是"三高一低"(高人力资源含量、高知识含量、高附加值和低碳)的新业态。科技服务业不仅有其自身产值,还能对三次产业的发展起到引领和带动作用。科技服务与工业发展融合,将推动工业产业的技术创新、产品创新和转型升级。

但从目前状况而言,常州市科技服务业与本地其他行业并不能充分融合、齐头并进,特别体现在与区域工业发展的融合度并不高。一是科技服务业的发展与能力供给与常州市工业经济快速发展的需求不相匹配,工业经济发展的加速,使得社会对科技服务巨大的潜在需求转化为现实需求,需求呈井喷式增长,科技服务业无法迅速满足;二是由于规划不足,使得常州市各类科技服务企业或机构之间存在功能的交叉,整体上没有能够从全市范围内形成分工明确、上下联动、左右互动的科技服务体系,科技服务业服务于工业的能力不平衡、融合深度也不够。

科技服务业同时还要强调其服务性,要与社会发展和技术进步紧密结合起来。电子商务的蓬勃发展、智慧城市建设的全面加速、云环境和大数据时代对社会经济的影响突显,使得科技服务业不得不开始关注新环境下产生的各种新兴业态,并与之融合起来。科技服务业开始关注移动互联、电商平台、数字媒体等新兴业态。常州市武进区的工业设计产业园,新北区的淘常州、化龙巷、创意产业园区、国内重点电商的客服基地,钟楼区的科技大街,天宁区的恒生科技园,金坛华罗庚的3D打印科技园区,中关村科技园的江苏软件产业园,科教城的相关园区等都是这种关注下的产物。但由于关注度不够,这些机构或企业还仅仅停留在设想和前期规划阶段,或者还处于空间建设阶段,处在科技服务业产业链的低端,整体属于科技服务业的草创期和起步阶段,使得这些新融合的新兴业态自身发展缓慢,对于全市科技服务业发展的推动也不够。

国际化是科技服务业的必然趋势,也是其发展的重要途径。常州市科技服务业的发展已经取得了一定的成绩,其主要做法是引进外资研发机构、签约海归团队等。自2006年成立第一家外资研发机构麦可罗泰克(常州)研发中心至今,全市已有71家省级外资研发机构,名列全省第二。这些研发机构将国际先进的技术、人才带到了常州,提升了企业的核心竞争力。与此同时,近年来常州市还重点加强与以色列、英国、俄罗斯等国开展国际科技合作,推动创新的国际化进程,目前,全市已有包括大陆第一家技术转移公司ISIS公司在内的6家从事国际技术转移的专业机构。在江苏省科技厅确认的第九批省外资研发机构中,常州市新增7家。截至目前,全省已拥有外资研发机构522家,其中常州78家,位列全省第二。

但从目前的国际化情况来看,涉外项目主要倾向于科技咨询和技术转移,而在科技服务业的其他领域,科技服务机构的对外开放意识和涉外业务开拓明显落后,同时也因为受到国家某些规定的限制,相关领域发展缓慢,科技服务业整体上呈现国际化程度不够的状况。

从常州市各地区情况来看,科技服务业蓬勃发展。数据显示,科技服务业收入地区差异符合全市经济发展区域化分布态势,市区是常州市经济最发达最活跃的地区,企业创新意识和创新能力强,对科技创新的渴望度和积极性高,市场对新成果、新技术的需求大,这些都为科技服务提供了广阔的市场空间。相对而言,金坛、溧阳的科技机构发展则相对滞后,和当地日益增长的科技服务需求脱节。

2011—2015年常州市各地区专利申请量和专利授权量情况分别如图1.14和图1.15所示。从图中可以看出,常州市区与金坛、溧阳专利申请量和专利授权量都存在着显著差异。2011—2015年专利申请量市区分别为17 573件、31 742件、33 827件、34 156件、37 460件;溧阳分别为3 224件、4 337件、3 642件、1 447件、1 099件;金坛分别为2 616件、3 312件、4 236件、2 230件,2013年市区分别是溧阳、金坛的9倍和8倍。2011—2015年专利授权量市区分别为8 884件、11 737件、15 678件、16 442件、20 643件;溧阳分别为2 058件、3 033件、1 774件、840件、942件;金坛分别为448件、

609件、755件、870件,2013年,市区约是溧阳、金坛的近10倍和近20倍。(注:2015年,金坛作为一个区合并到常州市,因此,金坛的数据合并到市区的数据中,金坛的数据只到2014年。)

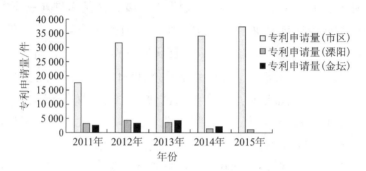

数据来源:《常州市统计年鉴》

图1.14　2011—2015年常州市各地区专利申请量

数据来源:《常州市统计年鉴》

图1.15　2011—2015年常州市各地区专利授权量

表1.2汇总了2009—2015年常州市各地区高新技术产业产值。从中可知,常州市各区高新技术产业的规模差异较大。例如,市区2013年产值突破2 000亿元,而溧阳、金坛的产值却只有207.45亿元和141.01亿元。可见常州市高新技术产业产值的区域差异明显,也从一个侧面反映了常州市科技服务业发展存在区域差异这一现实。

表1.2　2009—2015年常州市各地区高新技术产业产值

单位：亿元

地区	2009年	2010年	2011年	2012年	2013年	2014年	2015年
市区	1 018	1 126	1 563.30	1 773.20	2 044.31	2 155.69	2 352.75
溧阳	121	141	191	185.39	207.45	131.68	241.16
金坛	41	74	117	132.56	141.01	168.51	—

数据来源：《常州市统计年鉴》

三、集聚效应尚不明显，龙头企业带动不足

在科技服务业体系建设方面，常州科技服务需求激发不足，科技服务机构市场化活力不高，科技服务机构和企业的服务能力不强。科技服务企业存在着总体发展无序，总量与周边城市相比远远不够，发展速度较慢，所涉范围也跟不上同城产业转型升级的需要的问题。

集聚是联系密切的产业在空间上的集中并由此带来范围经济和规模经济的机构的集合，科技服务业集聚会对区域经济以及服务业本身产生一系列的溢出效应，比如科技服务业集聚有利于信息的获取与创新，能享受"技术外溢"带来的好处，拥有极强的成本优势，有利于人才的发掘等。

虽然常州市科技服务业的集聚已经初具规模，形成了不同层次的集聚区，也取得了一定社会效应和经济效益，但是集聚程度、集聚效应的发挥和辐射能力都远远不够，企业科技服务业务主辅分离进展不迅速，科技服务类园区、科技服务型企业集中而不集聚。

近年来，常州市科技服务业发展迅速，涌现出一大批科技服务企业、科技服务机构、科技服务平台等，2014年又有常州新能源企业研究院有限公司、江苏佰腾科技有限公司（科教城）、江苏河海新能源有限公司、江苏正平技术服务事务所有限公司等10家企业列入常州市科技服务业创新型企业重点培育名单。从数量上看，常州市的科技服务业已经形成了一定规模。但从总体环境而言，常州市科技服务业仍处于发展初期，特色打造不突出，科技服务机构专业化程度不高、高端服务业态较少、缺乏知名品牌，龙头企业缺乏，总量不大，产业链也没有形成。目前，大多数科技服务机构规模较小、服务内容单一、实力不足、核心竞争力不够、品牌不响，这些都是常州市

科技服务业急需解决的关键问题。

此外，常州市目前的科技服务机构大部分是各级科技管理部门和政府有关部门开办的，真正由社会自发演化产生的机构很少。这些机构对政府有很强的依赖性，缺少生产竞争压力，进而缺乏提升服务能力的动力和主动服务意识，影响科技服务机构业务的发展，这也导致常州市目前还没有业务上过硬、具有一定规模的骨干级科技服务机构，缺少有影响的名牌企业。做大做强一批具有行业影响力和示范作用的骨干性科技服务机构和龙头企业是常州市科技服务业建设的一项既紧迫又艰巨的任务。

四、人才结构不够合理，高端人才匮乏

科技服务业是知识智力密集程度很高的产业，要充分发挥科技服务业的纽带和桥梁作用，需要懂技术、懂市场、懂法律的复合型人才。优秀的人才是科技服务业发展的基本保证，知识全面的人才在把科技服务业融合到产业升级中起着至关重要的作用。

目前常州市科技服务业从业人员较少，现有的人才存量难以满足科技服务业发展的需要，2010年科技服务企业单位年均从业人员9 098人，占其他服务业企业的6.6%；平均每个企业单位年均从业人员18人，低于其他服务业企业年均从业人员数5人；人才结构不合理，物流、信息技术、法律、科技咨询和中介服务等产业需要的高端综合型管理和专业人才尤其缺乏，以上人才及高级技能型工人的缺乏都制约了常州市科技服务业的发展。分行业看，地质勘查业企业单位从业人员较多，年均为28人。其余依次是专业技术服务业单位、研究与试验发展单位、科技交流与推广单位，年平均从业人员分别为24人、13人和9人。常州市科技服务业从业人员不足万人，人才严重缺乏。人是科技创新的关键，人才要素不向科技服务领域集聚，其原因在于科技服务的优势未能有效发挥，优势发挥不了效益就差，效益差就更加留不住人才，由此出现恶性循环。

由于在江苏省的人才培养模式中，熟悉法律、金融、保险等科技服务业知识的多为"偏文科"的人才；而从事第二产业的多为"理工类"人才，他们在大学课程的学习中极少甚至没有学习到法律、金融、保险这些知识，根本没有办法将这些知识运用到第二产业的生产升级当中，因此科技服务业中缺乏复合型人才。同时，由于有关集成电路设计、动漫游戏、科技咨询、科技情报信息服务等的企业单位较少,规模不大,员工待遇得不到保障等,因此,虽然这类科技服务型企业对人才需求很大,但较少有优秀的高校毕业生乐意到这类企业就业。科技服务业人才的供给与需求出现了极大的不平衡。目前的人才状况是从业人员的知识结构以及整体素质不能适应科技服务业发展以及产业升级的客观要求,缺乏一大批既懂技术、又懂法律且善经营的复合型人才。从业人员的市场准入标准低,综合性科技服务业缺乏人才,是影响产业升级发展的重要因素。

目前,常州市科技服务单位之所以功能未能发挥、效益普遍较差、产业未能形成,其中最重要的问题就是缺乏能够适应市场经济要求的科技领军人才与科技型企业家人才存量难以满足科技服务业发展的需要。人才结构不合理,人才和高级技能型工人的缺乏制约了常州市科技服务业的发展。常州科教城培养的大量高级技能型人才外流到上海、南京、无锡,乃至镇江和扬州,建立常州的人才留存机制和平台已经刻不容缓。

第四节 常州市科技创新服务体系建设路径研究

一、发展思路

以党的十八大、十八届二中全会、三中全会、四中全会精神为指导,深入学习贯彻习近平总书记系列重要讲话精神,坚持创新发展、差异发展、集聚发展、融合发展的原则,以支撑苏南自主创新示范区建设为目标,以新技术、新模式、新业态、新产业为内涵,以满足科技创新需求和提升"十大产业链"产业创新能力为导向,以突破科技服务业关键共性技术为重点,深化科技体制改革,加快政府职能转变,完善政策环境,培育和壮大科技服务市场主体,建立以企业为主体、结构合理、机制灵活、效益显著的科技服务体系,创新科技服务模式,延展科技创新服务链,重点发展研发设计及其服务、技术转移服务、检验检测认证服务、创业孵化服务、知识产权服务、科技咨询、科技金融七大业态,促进科技服务业专业化、网络化、规模化、国际化发展,为建设创新型城市、建设新江苏提供重要保障。

二、发展任务

到2020年,需要基本建成适应常州创新驱动发展战略、支撑苏南自主创新示范区建设、提升"十大产业链"产业发展、满足常州市经济提质增效升级需求的科技创新服务体系,不断提升常州市在苏南区域的科技创新影响力,形成区域性科技创新服务高地。需要规划建设特色鲜明、结构合理、配套完善的省级科技服务业集聚区;需要培育多家省级科技服务业百强企业,以及一批创新能力较强、服务水平较高、市场影响较大的科技服务骨干企业,培育一批拥有知名品牌的科技服务机构和龙头企业,涌现一批新型科技服务业态。到2020年,常州市自主创新能力显著增强,技术创新服务领域市场导向机制更加健全,企业、科研院所、高等学校等创新主体协同机制更加完善,基本形成科技服务机构集中、科技服务功能完备、科技服务产业规模较大、长三角区域具有显著影响力的科技服务生态体系。

持续完善科教城、常州高新区、武进高新区等研发设计及其服务集聚区,使集聚效应基本显现,引进及培育领军型研发设计企业,形成长三角区域具有显著影响力的科技创新研发支撑体系。

支持技术转移服务机构建设,加大常州ISIS国际技术转移中心、中以合作技术转移基地、常州大连理工大学研究院、常州大学技术转移中心等技术转移转化机构的能力建设,形成一批区域有影响力的技术转移机构。进一步推进技术转移服务的国际化水平,引进国际技术转移机构,进一步深化与以色列、德国、荷兰等国家的技术转移合作,形成国际技术合作的区域制高点。持续发挥常州科技经洽会、武进科技经贸洽谈会等技术转移活动的平台效应,加大科技成果转移活动的开展,提升科技成果转移的效率。进一步推动"天天5·18"等科技综合服务平台的建设。运用移动互联技术,构建一个O2O科技转移服务平台,实现科技转移服务线上、线下的有机结合。

围绕"十大产业链"新增国家级检验检测中心多家,建成在长三角区域具有显著影响力的知名检验检测认证服务品牌2~3个,创建省级检验检测服务业集聚区,引进国内外知名检验检测认证服务机构或建立其分支机构,培养具有检测认证资格的人才。持续支持江苏省半导体照明产品研发与检测公共技术服务中心、江苏省常州电子基础材料检测技术服务中心、江苏省纺织服装产业公共技术服务平台、江苏省内燃机及机械零部件检验检测公共技术服务中心、江苏省溧阳输变电装备工程复合材料公共技术服务中心等一批现有检验检测认证服务机构的建设和完善,完善管理机制,提高使用效率。形成以"十大产业链"为服务重点的检验检测服务业规划布局,基本形成长三角区域具有显著影响力的检验检测服务体系。

持续加强各级孵化器建设,加强常州高新技术创业服务中心、常州三晶信息技术孵化器、常州软件园(创意产业基地孵化器)、常州生物医药孵化器、武进高新技术创业服务中心、常州市国家大学科技园、常州市武进科创孵化园、常州西太湖国际智慧园、江苏津通信息技术孵化器等现有孵化器的建设,建成功能完备的"创业苗圃+孵化器+加速器"的创业孵化链条。大力发展创新创业服务新模式,建设成一批满足大众创业、万众创新需求的众创空间。培育壮大创业主体,强化大学生创业园建设,使创业氛围浓厚,引导各类人才的创新创业,鼓励企业高管和科技人员创业,大力支持海归人员创新创业。大力发展"孵化+创投""创业导师+持股孵化""创业培训+天使投资"等创业孵化模式。形成长三角区域具有显著影响力的创新创业高地。

加大专利产业化基地建设工作力度,创建省级知识产权服务业集聚区。进一步完善知识产权全链条服务体系,鼓励各类市场主体投资知识产权代理、评估、交易、咨询等服务机构。积极探索知识产权类无形资产交易,支持知识产权融资质押、投资入股。支持江苏省产业知识产权公共技术服务中心的进一步建设,支持佰腾等企业建立知识产权服务综合网络平台,使常州市的知识产权服务水平达到江苏省先进水平。

加大高水平研发咨询平台、科技查新站等平台建设工作力度,引进国内外知名的科技咨询公司或成立分支机构,围绕"十大产业"大力推动产业研究院建设工作,支持产业情报服务咨询、会计事务咨询、法律事务咨询、投融资咨询、管理咨询等科技咨询活动,支持佰腾等公司完善网络咨询服务平台,鼓励科技咨询服务新业态,进一步完善科技服务业协会建设,促进行业联合和市场规范。

引进或培育"科技支行""科技小贷""科技保险""科技担保"等各类相关科技金融机构,鼓励从业机构推出新型科技金融产品,强化易融通等科技金融综合服务平台的市场化运作,持续建立和完善适应科技创新需求的科技金融服务体系。充分发挥"苏科贷"的辐射和影响,进一步扩大科技贷款规模,缓解小微企业融资难的问题。持续推进科教城科技金融中心、新北区科技金融服务中心、武进区科技金融服务中心的建设,形成一站式科技金融服务模式。进一步强化与金融机构的合作,积极开拓投贷联动、科技保险、科技担保、知识产权质押等金融服务。扩大政府天使投资引导基金规模,强化对创新成果在种子期、初创期的投入,引导社会资本加大投入力度,创新国资创投管理机制,允许符合条件的国有创投企业建立跟投机制,大力发展风险投资,扩大风险投资基金规模。支持保险机构开展科技保险产品创新,探索研究科技企业创业保险,为初创期科技企业提供创业风险保障。

使科学技术教育、传播与普及工作得到长足发展,形成比较完善的公民科学素质建设的组织实施、基础设施、条件保障、监测评估等体系。增加全市科普人才总量及注册科普志愿者数量。强化青少年科普教育,完善技术人才教育体系,广泛开展科普宣传和教育,持续推进科普惠农工程,开展职业农民、农业实用技术、农村劳动力转移、农业电商等培训工作。将提高科学素质贯穿于领导干部和公务员选拔录用、教育培训、综合评价全过程,增强领导干部和公务员科学决策、科学管理、科学执政和科学发展的能力。完善各级科普教育基地和示范基地为基础、广大基层科普设施及资源为支撑、多元化投入为保障的多层次、多功能科普设施网络体系。

三、重点领域与实现路径

1. 研发设计及其服务领域实现路径

鼓励研发类企业专业化发展,培育集聚一批社会化投资、专业化服务的第三方研发机构,促进专业研发设计服务机构发展壮大,形成研发服务集群。鼓励成立研发服务联盟,开展技术和服务模式创新,制订行业技术标准。支持本地高校、科研院所整合科研资源,建设开放共享的公共创新平台,面向市场提供专业化的研发服务。引导重点高校、中科院与常州市重点产业联合建设公共创新平台,推动国家重点实验室、工程技术研究开发中心等在常州市设立分支机构,支持国内外知名企业和人才团队在常州市设立研发设计服务机构,培育一批研发设计服务企业,促进研发设计服务企业积极应用新技术提高设计服务能力。积极培育第三方工业设计机构,将工业设计服务支撑范围扩展到产品生命周期全过程。鼓励企业将技术开发部门注册成为具有独立法人资格的研究开发中心或研究开发院,独立承接研发设计任务。建立重点行业产品设计通用数据库、试验平台及设计服务平台,促进设计资源共享利用。建立健全高校、科研院所的科研设施和仪器设备开放运行机制,引导大型科学仪器中心、分析测试中心等向社会开放服务。

2. 技术转移服务领域实现路径

建立企业、科研院所、高校良性互动机制,促进技术转移转化。鼓励社会资本建立科技咨询、科技评估、成果推介、创业培训、市场开拓等技术转移服务机构,支持和引导信息咨询、会计律师事务所、投资和管理咨询等专业服务机构的发展,发展多层次的技术(产权)交易市场体系,支持技术交易机构探索基于互联网的在线技术交易模式,推动技术交易市场做大做强。鼓励技术转移机构创新服务模式,为企业提供跨领域、跨区域、全过程的技术转移集成服务,促进科技成果加速转移转化。依法保障为科技成果转移转化做出重要贡献的人员、技术转移机构等相关方的收入或股权比例。推动高校、科研院所、产业联盟、工程中心等面向市场开展中试和技术熟化等集成服务。

3. 检验检测认证服务领域实现路径

依托"十大产业链"建设一批长三角区域具有显著影响力的检验检测中心。建立健全民生安全检验检测服务平台,加强建材、金银制品、加工食品及食品添加剂等检验检测中心的建设,提升卫生、食品药品、粮食、住建等领域的检验检测服务机构水平。引导产业集聚发展,面向企业共享资源,建设检验检测公共服务平台,加强质量跟踪和过程检测服务,利用新兴信息技术创新检验检测信息化服务模式,降低准入门槛,推进检验检测服务机构市场化进程。创新检验检测信息化服务模式,利用互联网电子商务、现代服务业与云计算、物联网等领域的实践成果,围绕产业需求,拓展服务内涵,创新第三方检验检测产业链的商业模式、专业化服务与市场运营方式。

4. 创业孵化服务领域实现路径

构建以专业孵化器和创新型孵化器为重点、综合孵化器为支撑的创业孵化生态体系,建立常州市科技孵化器综合业务服务与管理平台。开展建设一批战略性新兴产业专业孵化器,搭建专业化服务体系,面向跨区域创业者和高端人才提供创业服务,发现、遴选和培育具有前瞻性、成长性、带动性的"源头"企业。引导企业、社会资本参与投资建设孵化器,促进天使投资与创业孵化紧密结合,推广"孵化+创投"等孵化模式,积极探索基于互联网的新型孵化方式,提升孵化器专业服务能力。以现有科技企业孵化器为基础,整合创新创业服务资源,进一步向前后两端延伸建立创业苗圃和加速器,建设"苗圃—孵化器—加速器—产业基地"科技创业孵化链条,形成从项目初创到产业化发展的一体化创业孵化服务体系。以创新创业学院为依托,加强创业教育,营造创业文化,办好创新创业大赛,充分发挥大学科技园在大学生创业就业和高校科技成果转化中的载体作用。

5. 知识产权服务领域实现路径

加强知识产权创造、运用、保护和管理,培育知识产权服务市场。以科技创新需求为导向,大力发展知识产权代理、法律、信息、咨询、培训等服务,提升知识产权分析评议、运营实施、评估交易、保护维权、投融资等服务水平,构建全链条的知识产权服务体系。积极培育发展专利代理、专利技术转化推介、专利信息利用等企业化运营模式的专利中介服务机构,建立以营利性服务机构为龙头,公益性服务机构为补充的专利中介服务体系,提高专利中介服务能力。引进国内外高端知识产权咨询服务机构,指导和帮助企事业单位深入挖掘创新成果,提升专利信息利用和专利挖掘设计能力,支持相关科技服务机构面向重点产业领域建立知识产权信息服务平台,提升产业创新服务能力。

6. 科技咨询领域实现路径

建设专业化、市场化和高效化的研发咨询机构、企业和平台,为常州企业的转型升级和新兴科技企业的涌现发展提供智力支持和研发动力。加强科技信息资源的市场化开发利用,支持发展科技查新和文献检索等科技信息服务。重点推动产业研究和竞争情报服务,把握产业主导权;发展工程技术咨询服务,为企业提供集成化的工程技术解决方案。鼓励咨询机构依据区域空间特性、产业基础、资源禀赋等因素,为区域经济全面协调发展提供产业咨询服务。支持知识产权代理机构、信息咨询公司、会计师事务所、法律事务所、投资和管理咨询等专业服务机构的发展,进一步发挥科技咨询机构推动科技型中小企业创新发展的重要作用。支持科技咨询机构、知识服务机构、生产力促进中心等积极应用大数据、云计算、移动互联网等现代信息技术,创新服务模式,开展网络化、集成化的科技咨询和知识服务。

7. 科技金融领域实现路径

完善"政府、银行、担保、保险、创投"五位一体的科技与金融融合的机制,根据"十大产业链"的发展和不同企业的不同需求,推出与企业转型、创新相贴合的"科贷通""税融通""创业通""投贷通"等科技金融的创新产品,将中小企业,尤其是创新创业、具有高技术含量的中小企业作为科技金融服务的首要目标,开辟科技金融绿色通道,优化科技金融服务。推动设立科技金融专营机构,集中力量聚焦战略性新兴产业领域和高成长企业群体,为轻资产科技型企业提供金融支持。鼓励金融机构在科技金融服务的组织体系、金融产品和服务机制方面进行创新,建立融资风险与收益相匹配的激励机制,开展科技保险、科技担保、知识产权质押等科技金融服务。开展知识产权评估、质押融资,鼓励融资性担保机构为知识产权质押融资提供担保,拓宽科技型中小企业融资渠道。支持天使投资、创业投资等股权投资对科技企业进行投资和增值服务,探索投贷结合的融资模式。利用互联网金融平台服务科技创新,完善投融资担保机制,破解科技型中小微企业融资难问题。

8. 科学技术普及服务领域实现路径

扎实推动科普基础设施建设和发展,着力推进市和辖市(区)综合科技馆建设,引导社会力量建设各类专业科普场馆。完善以各级科普教育基地和示范基地为基础、广大基层科普设施及资源为支撑、多元化投入为保障的多层次、多功能科普设施网络体系。充分发挥市场机制作用,建立政府购买服务及政府与社会资本合作的PPP产业模式,推动公益性科普事业与经营性科普产业并举发展。充分利用"互联网+"等信息化手段,整合科普资源,发展科普新业态,建好用好"龙城科普"微信等新媒体平台,与文化传媒企业、科普类网站合作开发群众关注度高、认同感强的优质信息化科普资源,支持传统出版和数字出版相融合的发展道路。建立全市范围内的区域合作机制,形成全市范围内科普资源互通共享的格局,实施人才工程,重点引进和培育科普产业领军型人才,建立健全有利于科普人才队伍建设和发展的体制与机制,培养结构优化、素质优良的科普人才队伍。

四、重大项目或重点工程

1. 科技服务业市场化工程

进一步完善科技服务业市场法规和监管体制,有序放开科技服务市场准入,规范市场秩序,加强科技服务企业信用体系建设,构建统一开放、竞争有序的市场体系,为各类科技服务主体营造公平竞争的环境。推动国有科技服务企业建立现代企业制度,引导社会资本参与国有科技服务企业改制,促进股权多元化改造。鼓励科技人员创办科技服务企业,积极支持合伙制科技服务企业发展。加快推进具备条件的科技服务事业单位转制,开展市场化经营。

2. 公共科技服务平台建设工程

围绕我市经济转型和产业升级的关键技术和共性服务,整合资源重点建设一批区域创新服务中心、重点实验室和工程技术研究开发中心等平台,进一步完善科技创新平台布局,依托高校、科研院所和行业骨干企业构建产业技术创新战略联盟,形成产学研合作的长效机制。打造产业配套集成式、产业上下游链条式的服务平台群,积极建构以高端技术服务为主的科技服务产业链,强化光伏太阳能、碳材料等产业原创技术源头供给服务。鼓励重点领域的龙头机构通过并购、整合和特许经营,打造科技服务集团,构建网络化、跨区域、辐射式的科技服务体系。加大公共科技服务平台建设力度,加强技术研发和成果转化能力,提高平台创新与服务成效。

3. 优势机构提升工程

加快建设一批高水平、具有行业优势的科研服务机构,包括各级企业工程技术研究开发中心,企业技术中心和国家、省级重点实验室等,提升企业研发能力,逐步实现高新技术企业、创新型企业研发服务机构全覆盖。推动鼓励符合条件的生产性科技服务机构注册成为具有独立法人资格的企业,或成为市场化运作的行业研究中心、专业设计公司等,为行业内其他企业独立承担研发设计服务。以科技创新创业需求为导向,以体制机制创新为动力,培育一批具有较强竞争力的科技服务企业和机构,加速科技成果转化。加大科技招商力度,引进国内外先进的科技服务机构,对于将总部设在我市的科技服务机构,在同等条件下给予各项科技政策的优先支持。鼓励转制科研院所加强专业技术研发与服务,成为科技服务行业龙头企业。大力发展技术研发、工业设计、科技中介、科技金融等服务企业,引导和鼓励企业将研发设计业务外包给专业化、市场化的机构,进一步降低研发成本。

4. 载体创新服务能力提升工程

以市场化运作为基础,选择一批服务体系相对完善的科技园区,建立统一规范、分工协作的平台组织管理运行机制,规划建设科技服务创新基地,提升科技服务载体的技术研发和成果转化能力,提高载体创新与服务成效。支持以科技服务骨干企业为载体,建设一批产业特色鲜明、产业链完善、辐射带动作用强的科技服务业园区。推动科技服务的标准化和品牌化建设,组织龙头骨干机构和企业制定相关科技服务业产品、模式和效果的行业标准并推动实施,推动科技服务机构和企业自身服务流程和服务产品的标准化,规范服务方式、手段和内容,创新服务品牌。扩大科技服务领域对外开放,支持承接境外科技服务业转移,引导外商投资常州科技服务业。鼓励科技服务机构与国际知名机构建立战略合作关系。引导国外知名科技服务机构在常州设立分支机构及共建联合实验室、研发中心、技术转移机构等。鼓励科技服务机构建立境外研发机构和营销网络,积极开拓国际市场。支持科技服务机构开展技术、人才等方面的国际交流合作。推动科技服务企业牵头组建以技术、专利、标准为纽带的科技服务联盟,开展协同创新。

5. 科技服务产业集聚工程

加快高新技术产业化开发区、大学科技园和科技企业孵化器、科技服务外包等创新创业基地建设,有效集聚创新资源要素,提供良好的研发、孵化和创业环境条件。引进科研院所,创业投资和技术评估、咨询、交易等科技中介服务机构,鼓励科技服务外包,促进高新技术产业与科技服务业的融合发展。促进创新资源和科技服务机构向国家高新区、战略性新兴产业基地、科技园区和专业镇等区域聚集,建设良好的研发、孵化、创业和服务环境,打造科技要素相对集聚,功能设置相对合理,产业定位相对清晰,集科技创新、成果转化、技术服务于一体的科技服务业集聚区。在以重点集聚区、基本集聚区、初步集聚区为核心内容的集聚体系初步形成的基础上,着力构建全市科技服务业更加完善的"一核、两圈、三片、多点"的多层次集聚布局,实现各个层次集聚形态各有侧重、特点鲜明、优势互补、差异化竞争。"一核"为科教城科技服务业集聚核;"两圈"分别为常州高新区科技服务业基本集聚圈和武进高新区科技服务业基本集聚圈;"三片"分别为常州西太湖科技服务业集聚片、江苏中关村科技服务业集聚片、金坛华罗庚科技服务业集聚片;"多点"指以钟楼区科技大街、天宁恒生科技园、黑牡丹科技园、常州市经济开发区为科技服务业集聚点。

6. 人才结构优化工程

结合我市创新团队建设和人才引进工作,加强科技服务业人才队伍建设,引进和培育一批懂技术、懂市场、懂管理的复合型科技服务高端人才和科技创新团队,在城市落户、配偶安置、子女随迁、人才公寓等方面提供优惠政策。开展技术经纪人、专利分析师、项目管理师、科技咨询师、评估师、质量认证师、信息分析师等在职培训和资格认定,努力打造一支高素质、复合型科技服务人才队伍。依托科协组织、行业协会、高等院校、职业学校等,加强对科技服务业从业人员的专业技术培训,提高从业人员的专业素质和能力水平。

第五节 常州市科技创新服务体系建设的保障措施

一、加强组织协调和统筹管理

加强对科技服务业发展的协调和管理,发挥政府宏观调控和政策引导作用,细化政策措施,明确部门责任,抓好督促落实。发挥市科技行政部门的协调作用,加强与市相关部门的沟通协作,加强科技服务业的组织协调和发展规划,统筹做好行业发展顶层设计和布局。统筹集成政策资源,发挥财政资金的杠杆作用,支持科技服务业示范项目的开展、科技服务业示范机构和示范基地的建设,扶持一批主要服务于中小型科技服务企业的创业投资机构、担保机构等,引导社会资金加大对科技服务业的投入。加强科技服务业目标责任考核,科学分解科技服务业发展目标与任务,着力形成部门互动、市区联动,共同推进科技服务业发展的工作机制。组建科技服务业顾问团或设计服务业专家库,为政府部门制订设计服务产业的发展方针、规划和政策献计献策。

二、深化科技服务体制机制改革

进一步转变政府职能,以政府购买服务方式赋予科技服务机构更多活力,支持符合条件的科技中介服务机构承接政府委托的工作、项目。探索建立科技项目第三方评估、监理制度,进一步扩大科技服务业市场容量。加快建设重要仪器设备、重大科技服务平台、科技产业园区、科技孵化器、高端人才团队和科技领军人才等科技服务资源共享平台,完善科技信息资源共享机制,提高科技资源的利用率。完善创新激励政策,深化技术要素参与股权与收益分配,引导和支持创新要素向科技服务业转移。依照平等自愿原则,加快培育建立一批独立公正、行为规范、运作有序、代表性强、公信力高的科技服务业行业协会、商会,充分发挥行业协会在组织、协调服务、监管、人才培养与监督等方面的作用,建立行业自律制度、科技服务机构信誉评价体系、信誉评价信息发布和查询制度等。通过行业协会定期对科技服务机构服务质量、社会知名度、用户满意度等进行评价,并将结果向社会公布,形成重合同、守信用、诚信经营的行业风尚,使科技服务业走上法制化、规范化发展轨道。

三、加大对科技服务业的扶持力度

进一步完善政策环境,鼓励符合条件的科技服务业企业参与高新技术企业认定或技术先进型服务企业认定,享受相关政策。制定出台引导鼓励孵化器建设、科技金融结合、大型科学仪器共享等方面的政策措施。鼓励具备条件的企业、科研院所、高等院校优化内部业务流程,外包采购科技服务。实施科技服务体验计划,对产生良好效果的科技服务项目给予支持。落实国家有关政策,推动科技服务机构在高新技术企业认定、税收、股权激励等方面享受相关政策。进一步加强技术合同认定登记工作,落实相关支持政策。强化激励机制,调动科技人员从事科技服务业的积极性、主动性。研究科技服务业分类指导和发展的相关措施,推动科技服务业健康快速发展。清理整合现有专项资金,进一步加大对科技服务业集聚区、科技企业孵化器、创新平台、科技服务业骨干企业和人才团队的扶持力度,做好国家及省有关科技服务业的主要财税优惠政策的落实工作。研究制定推动研发业务外包的扶持政策,对研发外包的企事业单位实行科研项目的事后补助政策。开展科技服务业试点示范和省级技术先进型服务企业认定工作,并在专项资金支持方面给予优先考虑。

四、拓宽科技服务业融资渠道

引导银行信贷、创业投资、资本市场等加大对科技服务企业的支持,支持科技服务企业上市融资和再融资以及到全国中小企业股份转让系统挂牌,鼓励外资投入科技服务业。积极发挥财政资金的杠杆作用,利用中小企业发展专项资金、国家科技成果转化引导基金等渠道加大对科技服务企业的支持力度;鼓励地方通过科技服务业发展专项资金等方式,支持科技服务机构提升专业服务能力、搭建公共服务平台、创新服务模式等。创新财政支持方式,积极探索以政府购买服务、"后补助"等方式支持公共科技服务发展。

五、加强科技服务业统计和评估工作

根据科技服务业的特点和发展实际,健全科技服务评估标准体系,抓好重点科技服务领域评估标准的制定、修订工作,夯实科技服务业发展基础,并逐步扩大服务标准覆盖范围。加强科技服务业统计监测,充实科技服务业统计力量,积极探索科技服务业统计体系的建立和应用示范,明确行业涵盖范围和分类,确定统计指标,建立常规统计制度,以监测和指导科技服务业的发展。

六、完善科技服务市场的监管与保护

整顿和规范科技服务业市场秩序,坚决打击假冒伪劣、价格欺诈等违法行为,严厉查处不正当竞争行为。加大知识产权保护和执法力度,坚决查处和制裁各种侵权行为,及时有效地处理知识产权侵权和纠纷案件,努力营造有利于科技服务业健康发展的良好氛围。大力倡导诚实守信的社会道德,推动形成广泛的社会自律机制和信用评判制度。

第六节 常州市科技服务重点集聚区及重大公共服务平台

一、重点集聚区

序号	载体名称	管理机构	备注
1	江苏省科技服务示范区	常州市科教城管理委员会	已建为省级科技服务示范区

二、重大公共服务平台

1. 科技研发平台

序号	机构名称	技术领域
1	江苏中科院智能科学技术应用研究院	智能装备
2	中科院常州中心先进制造技术研究所	智能装备(机器人)
3	北京化工大学常州先进材料研究院	碳材料(碳纤维)
4	江南石墨烯研究院	碳材料(石墨烯)
5	千人计划常州新能源汽车研究院	新能源汽车(关键零部件)
6	南京大学常州高新技术研究院	生物医药
7	大连理工大学常州研究院有限公司	表面工程
8	机械科学研究总院江苏分院	先进成形
9	中科院常州中心储能材料与器件研究院	新材料
10	中科院常州科学与艺术融合技术研究中心	文化创意
11	浙江大学常州工业研究院	智能制造
12	中科院常州中心光电技术研究所	光电技术
13	中科院常州中心数控技术研究所	数控技术
14	湖南大学常州机械装备研究院	载运装备
15	中科院常州中心化学研究所	绿色化学
16	西南交通大学常州轨道交通研究院	轨道交通
17	常州印刷电子产业研究院	电子信息
18	中科院遗传资源研发中心(南方)常州分中心	生命健康
19	医疗器械"千人计划"研究院	生命健康
20	常州市智慧城市产业研究院	智慧城市

2. 科技服务平台

序号	平台名称	建设机构	服务范围
1	江苏省产业知识产权公共技术服务中心	常州佰腾科技有限公司	知识产权
2	江苏省半导体照明产品研发与检测公共技术服务中心	常州市产品质量监督检验所	LED检测
3	江苏省常州电子基础材料检测技术服务中心	常州电子产品质量监测所有限公司	电子产品检测
4	江苏省湖塘色织产业公共技术服务中心	江苏湖塘纺织科技发展有限公司	纺织技术
5	江苏省溧阳输变电装备工程复合材料公共技术服务中心	江苏正平技术服务事务所有限公司	智能电网
6	江苏省(常州西夏墅)精密工具产业公共技术创新服务中心	常州西夏墅工具产业创业服务中心	精密刀具
7	常州市数控机床精度检测与维修公共服务平台	常州机电职业技术学院	数控机床
8	江苏省常州环保涂料产业公共技术服务中心	中海油常州涂料化工研究院	涂料
9	江苏省纺织服装产业公共技术服务平台	晨风集团股份有限公司	纺织服装检测
10	江苏省内燃机及机械零部件检验检测公共技术服务中心	金坛市产品质量监督检验所	内燃机

3. 技术转移平台

序号	平台名称	建设机构	服务范围
1	常州"天天5·18"平台	常州市生产力促进中心	技术转移
2	常州国际科技合作交流综合平台(中以科技合作中心)	常州市对外科学技术交流中心	技术转移
3	牛津大学常州(ISIS)国际技术转移中心	常州市生产力促进中心、牛津大学ISIS科技创新有限公司、常州欧克斯投资咨询有限公司	技术转移

续表

序号	平台名称	建设机构	服务范围
4	常州半导体照明应用技术研究院（国家半导体照明联合创新国家重点实验室常州基地）	半导体照明国家重点实验室、常州市武进区政府	检验检测
5	四川大学生物医药常州技术转移中心	四川大学、常州市国家高新区政府	技术转移
6	国家绿色镀膜工程技术与装备研究中心	常州基地国家绿色镀膜工程技术与装备研究中心、常州大成绿色镀膜科技有限公司	技术转移
7	合肥工业大学常州研究院	合肥工业大学、常州科教城管理委员会	技术转移
8	江苏大学常州工程技术研究院	江苏大学、常州科教城管理委员会	技术转移
9	中科院大连化学物理研究所国家技术转移中心常州中心	中科院大连化学物理研究所国家技术转移中心、常州科教城管理委员会	技术转移
10	北京自动化研究所常州技术转移中心	北京自动化研究所、常州钟楼区政府	技术转移
11	上海交通大学常州技术转移中心	上海交通大学、常州市武进区政府	技术转移
12	常州西太湖医疗器械研究院	上海理工大学、常州市武进区政府	技术转移
13	常州中英科技桥	常州中英科技桥国际科技合作有限公司	技术转移
14	常州大学技术转移中心	常州大学	技术转移
15	江苏理工大学技术转移中心	江苏理工大学	技术转移
16	东南大学常州研究院	东南大学	技术转移

4. 创业孵化平台

序号	机构名称	行业领域	级别
1	常州高新技术创业服务中心	综合	国家级
2	常州三晶信息技术孵化器	信息技术	国家级
3	常州软件园（创意产业基地孵化器）	软件	国家级孵化器
4	常州生物医药孵化器	生物医药	国家级孵化器
5	常州西夏墅工具产业创业服务中心	刀具	省级孵化器
6	常州龙珑高新技术创业服务中心	光伏	省级孵化器
7	江苏常州海博生物医疗器械科技园	生物医药	省级孵化器
8	武进高新技术创业服务中心	综合	国家级孵化器
9	常州市国家大学科技园	综合	国家级孵化器
10	常州市武进科创孵化园	综合	国家级孵化器
11	常州西太湖国际智慧园	综合	国家级孵化器
12	江苏津通信息技术孵化器	综合	国家级孵化器
13	常州天安数码城科技创业服务中心	综合	省级孵化器
14	常州科教城国际创新基地孵化器	综合	省级孵化器
15	常州钟楼高新技术创业服务中心	综合	国家级孵化器
16	常州市新闸科技创业服务中心	综合	省级孵化器
17	常州运河五号创意产业孵化器	文化创意	省级孵化器
18	千人计划（常州）新能源汽车研究院科技企业孵化器	新能源汽车	省级孵化器
19	常州市天宁高新技术创业服务中心	综合	国家级孵化器
20	常州天宁新动力高新技术创业服务中心	综合	省级孵化器
21	常州市龙城学生创业科技孵化器	综合	省级孵化器
22	常州恒生科技园	电商	省级孵化器
23	常州黑牡丹高新技术创业服务中心	综合	省级孵化器
24	常州加州科技港电子软件专业孵化器	电子及软件	省级孵化器
25	金坛高新技术创业服务中心	综合	国家级孵化器

续表

序号	机构名称	行业领域	级别
26	金坛红太阳科技园有限公司	综合	省级孵化器
27	溧阳高新技术创业中心	综合	省级孵化器
28	溧阳市天目湖机电创业园	综合	省级孵化器
29	常州高新区科技企业加速器	综合	省级加速器
30	常州科教城科技企业加速器	综合	省级加速器
31	常州西太湖医疗产业科技企业加速器	生物医药	省级加速器

他山之石（一）：其他城市科技服务体系建设经验借鉴

近年来，苏州、南京、无锡等周边城市科技服务体系建设与发展各具特色，常州市在进行科技服务业的"十三五"规划中，应学习和借鉴。

一、南京市科技服务业

南京位于长三角经济区，同时是江苏省的省会城市，一直是全国重化工业、电子工业的重要基地，在国际制造业迅速转移的背景下，南京面临着极好的发展机遇，这些为南京科技服务业的发展提供了广阔的空间。

1. 政策指导

科技服务业作为技术关联性强、科技含量和附加值高的新兴服务业态，是以技术和知识向社会提供服务的产业，其服务手段是技术和知识。科技服务业是企业、高校和科研机构开展科技创新不可或缺的支撑，是创新型城市建设的重要组成部分。大力培育科技服务业，是加快区域科技创新体系建设、促进产业结构调整、提高企业科技创新能力、提升城市竞争力的重要举措。建设和完善科技服务体系有利于促进创新主体之间科技资源要素流动和技术转移，能够有效降低创新成本，化解创新风险，加快科技成果转化，提高整体创新绩效。为加快构建社会化、网络化的科技服务体系，大力培育科技服务业，提高全社会科技创新效率，促进科技成果转化，进一步将科教资源优势转化为经济社会发展的竞争优势，推动创新型经济发展，加快创新型城市建设,南京市政府于2010年12月就加快南京市科技服务业的发展提出若干意见。

该意见适用于与科技创新密切相关,围绕企业、学校和科研机构的创新创业需求提供研发设计、科研条件、技术转移、技术交易、科技咨询、科技评估、创业孵化、知识产权、投融资、检验检测等专业化服务的科技服务企业和机构。

该意见指出,用五年左右的时间,初步建立起符合市场经济运行规律、开放协作、竞争有序、运营高效的科技服务业体系;构建技术、市场、资本融合的科技服务产业链;打造具有专业特色的科技服务业集聚区;重点培育骨干科技服务企业和机构;鼓励科技服务企业和机构做大做强;推动生产性服务业从工业企业中分离发展;鼓励多渠道创办科技服务企业和机构;支持科技服务企业和机构培养和引进高层次创新创业人才;鼓励为"三农"服务的科技服务机构的发展;建立科技服务业行业协会,加强科技服务机构的自我协调、监督与管理,引导和促进科技服务机构健康、有序发展;建设南京科技服务业产业联盟,形成一个结构合理、特色明显、机制灵活、功能完备的科技服务业网络;进一步加大对科技服务业的投入;落实好有关税收优惠政策;市和区县的两级科技行政管理部门,负责本区域内科技服务产业的规划、组织、协调、指导和服务工作,将发展科技服务业纳入年度发展目标,加强考核。发改、商务、财政、民政、工商、税务、技术监督、农业、知识产权等部门,按照职责分工,负责与科技服务产业发展有关的工作。

2. 发展状况

南京市科技服务业发展势头良好,研发设计类企业表现抢眼。主要呈现出如下特点:

(1) 科技服务业收入持续增长,高技术服务业收入高于平均水平

2015年,在构成高技术服务业的8大类别中,环境监测及治理服务、知识产权及相关法律服务、专业技术服务业的高技术服务、研发与设计服务和信息服务的营业收入增长速度较高,与上一年相比,增速分别达到60.8%、29.9%、29.2%、15.9%、14.3%;环境监测及治理服务、知识产权及相关法律服务、信息服务、检验与检测服务盈利水平提高较快,与上一年相比,增速分别达到67.1%、44.8%、33.8%、27.8%。

（2）从业人员规模不断扩大，高学历人员占比不断提高

2015年，全市科技服务业机构共有从业人员75 562人，与上一年相比，增长41.6%；其中硕士以上学历12 284人，占总人数的16.3%，与上一年相比，增长53.9%。

（3）平台建设步伐加快

南京邮电大学科技园被国家科技部、教育部认定为第十批国家大学科技园之一，至此，南京市共获批认定五家国家大学科技园。南京市紫金（新港）科技创业特区创业服务中心、J6软件创意园、江苏生命科技创新园国际生物医药孵化器和新城国际企业孵化器等四家载体以自身过硬的建设水平、具有特色的产业定位和良好的创业服务能力被成功认定为国家级科技企业孵化器，南京国家级科技企业孵化器和国家大学科技园等国家级创业载体总数达到了20家。

（4）科技金融起步推进

科技金融作为科技服务业的一种新兴业态，也得以起步发展。科技银行为科技型中小企业提供了融资保障。截至2015年底，南京市科技银行共达10家。各家科技银行积极做好科技创新创业金融服务工作，深入推动科技与金融深度结合。截至2015年底，累计对1 169家科技企业发放贷款46.38亿元，其中对1 087家初创期、成长期科技企业发放贷款37.12亿元。科技贷款余额55.81亿元，比年初新增18.73亿元，其中初创期、成长期科技企业贷款余额41.83亿元。

二、苏州市科技服务业

苏州市是仅次于上海的全国第二大制造业基地，高度发达的制造业和数以万计的规模化企业推进了苏州市科技服务业的发展，形成了研发设计、创新创业、科技金融、成果转移转化、科技咨询五大现代高技术服务领域。从总体上看，苏州市已经初步形成了门类比较齐全、服务初具规模、部分领域特色凸显的科技服务体系。

1. 科技领域总体概况

有效集聚科技资源和创新要素，不断提升企业自主创新能力、社会创新转化能力。2015年苏州市财政性科技投入86.9亿元，比上年增长11.6%。研究与试验发展经费支出占地区生产总值的比重达到2.68%。创新推进金

融与科技有机结合,"科贷通"项目累计为中小科技企业发放贷款80.9亿元。

2015年苏州市新增省级以上工程技术研究中心73家,累计达585家;新增省级以上企业技术中心48家,累计达328家;新增省级以上工程中心10家,累计达57家;省级以上公共技术服务平台为58家。企业创新主体地位不断增强,本土大中型企业研发机构实现全覆盖。年末省级以上高新技术企业达3 478家。

知识产权提质增效。2015年苏州市专利申请量和授权量分别达到98 704件和62 263件,双双名列全国大中城市第一,其中发明专利申请量和授权量分别达到43 241件和10 488件,分别比上年增长5.87%和99.24%。知识产权结构进一步优化,发明专利申请占比由上年的39.6%提高至43.8%。万人有效发明专利拥有量达到27.4件,比上年增加8.9件。

大力引进和培养高层次、高技能、创新创业人才。2015年引进大专以上各类人才16万人。年末苏州市各类人才总量达227万人,其中高层次人才17.8万人,高技能人才49.2万人。年末全市拥有各类专业技术人员148.5万人,比上年增长8.7%。"苏州国际精英创业周"、"赢在苏州"国际精英海外系列创业大赛、"海鸥计划"、"鲲鹏计划"、"千人计划"形成了苏州人才引进品牌效应,苏州市连续三年入选"中国十大引智强市"。

2013年苏州市经济社会发展态势良好,在稳增长和调结构、惠民生和促改革方面取得了积极的成效,但是当前经济发展环境依然错综复杂,受外需持续疲软、国内结构性矛盾凸显的影响以及资源环境等要素制约,深化改革、转型发展、改善民生的任务还很艰巨。2014年继续以稳增快转为主线,以提高经济发展质量和效益为中心,以改革创新和技术进步为动力,以增进民生福祉和可持续发展为目标,努力实现经济平稳健康发展和社会全面进步。2015年坚持稳中求进工作总基调,紧紧围绕"五个迈上新台阶"和"强富美高"的总要求,主动适应经济发展新常态,以提高经济发展质量和效益为中心,统筹抓好稳增长、促改革、调结构、重生态、惠民生、防风险等各项工作,全市经济运行总体平稳,综合实力再上新台阶,结构调整取得新进展,改善民生取得新成效,社会事业取得新发展。

2. 科技服务业政策指导

加强科技企业孵化器增值服务能力建设,鼓励支持科技企业孵化器开展中介、投融资、专业技术等相关增值服务,为在孵企业的兼并、收购提供相关服务;支持为创业者提供新型业态的创业服务。

提升苏州科技服务机构服务能力,围绕省科技服务示范区建设,支持科技服务机构(技术转移机构除外)开展科技金融、科技咨询、知识产权、研发设计、创新创业等专业化、特色化、规模化和规范化的科技服务业务,鼓励、引导机构拓展服务功能,提升服务能力,打造服务品牌。

举办"创业姑苏"青年精英创业大赛,加快推进苏州市创新型城市建设,吸引国内外高等院校和科研院所的优秀青年人才携带项目到苏州创业。

三、无锡市科技服务业

无锡市的现代服务业发展很快,发展势头良好,作为其中主要的组成部分,科技服务业发展也呈现出其自身的特点。

1. 科技领域总体概况

科技力量不断增强。无锡市共有国家、省级工程技术研究中心506家,省级以上科技企业孵化器47家,省级公共技术服务平台36家,国家、省级高技术研究重点实验室10家,省级产业研究院2家,省级企业研究院2家,国家级国际合作基地9家,省级以上外资研发中心41家,省级以上国际技术转移中心8家。全市累计64名人才入选国家"千人计划",引进国家"千人计划"专家68名。

科技产出水平提升。2015年无锡全市高新技术产业产值占全市规模以上工业总产值的比重达到42.3%,比上年增加1.1%。该年按新标准已经认定高新技术企业352家;新增国家级重点新产品24个,列全省第二;新增省级高新技术产品946个。

2. 科技服务业发展特点

(1) 科技创新体系整体效能不断增强

始终注重无锡市工商业基础优势和开放优势,全面统筹国际国内资源,全力促进科技创新体系建设。产学研合作体系进一步完善,"7+1"产学研联盟不断拓展,2015年,全市"校企联盟"总数累计达到713个。全国共有28家高校院所在无锡设立了35家产学研合作机构,无锡国际科技合作示范基地等9个国际合作载体被认定为国家级国际合作基地,总数居全国地级市前列。

科技项目管理体系进一步完善,出台了《关于进一步推进科技计划项目管理改革的意见》《市级科技专项资金管理平台实施暂行办法》《无锡市科技计划项目相关责任主体信用管理办法(试行)》等文件,与农业银行无锡分行签署了支持创新创业战略合作协议,指定农行无锡分行及其七家分支机构为科技资金监管银行,对企业专项资金进行账户监管、用途监督、预警管控等,确保科技专项资金的专款专用和使用绩效。

(2) 科技创新引领产业转型升级步伐不断加快

紧紧围绕"四个示范区"建设,全力推进科技创新创业和产业转型升级。通过项目实施,迅速转化了一大批具有自主知识产权的重大创新成果,在微电子、传感网、生物制药、装备制造等领域攻克了一批制约产业发展的核心技术,涌现出了集成电路封装、IGBT芯片、MEMS磁性及微纳传感器、干细胞应用、发动机排放控制及汽车尾气净化处理、3D打印等一大批处于国际或国内领先水平的重大科技成果,极大地支撑了无锡市相关产业领域抢占领先优势。

(3) "东方硅谷"建设不断推进

始终强化科技工作人才导向,构建要素联动的人才引育体系,高层次科技创新创业人才加快集聚,"东方硅谷"建设不断推进。人才强企战略深入实施,"530"企业引进了近6 000名具研究生及以上学历人才,高端人才的引入提升了无锡市城市综合竞争力。其中"530"企业创业者入选国家"千人计划"的有78名,入选省"双创计划"的有224名。"530"企业与诺贝尔奖得主合作创建研究院,实现了由无锡市引进国际顶级大师的重大突破。

(4) 知识产权工作不断发展

继续深入实施知识产权战略,以高标准建设国家知识产权示范城市、示范园区和优势企业为抓手,切实推进企业核心知识产权的创造和运用,认真组织开展知识产权执法维权护航行动,努力实现专利指标量质并举发展。知识产权区域试点示范工作水平明显提升,一方面,一批地区通过评审跨入国家级、省级知识产权试点区域行列。宜兴市获批国家知识产权试点城市,锡山区列入国家知识产权强县工程,(太湖)国际科技园物联网产业领域知识产权集群管理列入首批国家级试点,宜兴经济开发区、传感网大学科技园获批省级知识产权试点园区;另一方面,已进入试点示范的区域实现了提档升级。无锡市以地级市综合考评第二名的好成绩入选了国家知识产权示范城市,江阴市通过了国家知识产权试点城市验收并进入示范培育阶段,无锡高新区、工业设计园完成了国家知识产权示范园区创建工作。

四、经验分析与借鉴

虽然不同城市科技服务业发展特色各有不同,但总的来看,有下列经验和做法值得学习和借鉴。

1. 加强政府引导,改善政策环境

政府管理和引导是科技服务业良好发展的关键因素,各城市都能充分认识到发展科技服务业的战略意义,高度重视科技服务业的发展。由政府牵头、扎口管理部门主导,各地各级政府纷纷出台了促进科技服务业发展的政策指导意见,优化科技服务业发展的政策环境。譬如南京市出台的《关于加快科技服务业发展的若干建议》、苏州市编制的《苏州市科技服务体系建设实施方案(2012—2015)》、无锡市撰写的《无锡惠山高科技服务业集聚区发展规划》等。在规划引领和相关政策的指导下,科技服务业的发展将更加合理有序。

2. 突出新兴产业,注重业态创新

科技服务业的发展与工业发展密切相关,关注新兴产业,注重服务业态创新,可加快城市经济转型升级步伐,不断增强可持续发展能力。应关注电子商务、物联网、云计算、数字文化等新兴业态,有针对性地引导传统模式向电子商务等新兴模式转变,培养科技服务业的新兴增长点。

3. 加强产学研合作,构建产业链

加强并深化产学研合作,推动高等院校、科研院所与企业合作,建设以企业为主体、市场为导向、产学研相结合的技术创新体系,加快建设企业研发中心、技术中心等科技平台,建立企业创新战略联盟,促进形成以大企业为龙头的创新链,协调企业在创新活动中的分工合作,大幅度提升企业的科技创新能力。与此同时,更加强调的是科技产品的技术转移和服务社会的能力,在此思想指导下,构建服务于科技成果转化全过程,具备技术、市场、资本多方融合功能的科技服务产业链,以推动科技成果的转化,实现科技服务的产业化。

4. 提升载体建设,打造特色集聚区

明确各地的发展重点,结合本城市的战略新兴产业和支柱产业,加快构建与本地主导产业发展相匹配的科学合理、运转高效的现代科技服务业,大力打造科技服务业发展的一流平台和载体,完善科技信息服务体系,将平台和载体发展成本地科技成果转化和人才集聚的重要基地。同时,善于发现产业集聚为科技服务业发展带来的优势,打造具有专业特色、科技要素相对集中的科技服务业集聚区,龙头企业在其中发挥重要的引领作用,带领区域内企业积极创新,集聚效应明显。

5. 支持人才培养,鼓励人才引进

人是社会发展的推动性力量,先进生产力的代表——科技服务业要发展,人才是关键。一个行业的生存与发展不仅取决于社会需求,还取决于从事本行业的人才质量。各城市在大力发展科技服务业的同时,尤其注重人才的培养和人才的引进工作。通过健全高效能人才培养机制,建立高端服务业人才培养基地,培养行业需求的各类高级人才,与此同时加快海外高端人才的引进,以人才带团队,促进产业发展。各个城市制订各级人才计划,有重点地引进一批高层次人才和团队,并依托本地高校开展对口和定向培训,加强专业人才培养和从业人员的在职培训,同时通过建立和完善相关职业培训与资质认定体系,全面提高从业人员素质。

6. 加大投入补贴,落实优惠政策

加大政府引导资金投入,通过规范税费、强化管理等形式吸引社会资本,加大招商引资力度,放宽科技服务业资金的准入标准,鼓励民间资本投入,发挥民营经济在科技服务业发展中的重要作用。优化科技政策环境,大力宣传各级政府的鼓励和扶持政策,鼓励和支持高新技术企业用好用足政策,使优惠落到实处。

第二章

双创园区发展视角（一）
——常州高新区推进双创对策研究*

"大众创业"与"万众创新"是相互支撑和相互促动的关系。一方面，只有"大众"勇敢的创业才能激发、带动和促动"万众"关注创新、思考创新和实践创新，也只有"大众"创业的市场主体才能创造更多的创新欲求、创新投入和创新探索；另一方面，只有在"万众"创新基础上，"大众"才可能有愿意创业、能够创业和成功创业，从某种意义上讲，只有包含"创新"的创业才算真正的"创业"，这种创业才有潜力和希望。

经过20多年的发展，国家高新区已经成为中国改革的先行先试示范区、中国高新技术产业的引领区，对拉动区域经济发展起了重要作用。在经济新常态背景下，高新区同时成为大众创业万众创新的重要载体，这是新时期赋予高新区的重要历史使命。高新区大众创业万众创新本质上是科技创新，以及围绕科技创新开展的大众创业。首先，是基于高端科技成果的创新创业。打通科技成果转化通道，推动科学技术转化成现实生产力，对打造高新区产业高端化发展、构建引领区域经济发展高端引擎具有重要意义。其次，是基于发明专利成果等知识产权的创新创业。提供公共服务，降低创新成本，激发大众创造各类知识产权的动力，对高新区产业结构升级、提升产业发展竞争力具有重要意义。再次，是基于未来高端科技研发的创新创业。建立健全科技研发体系，集聚创新创业要素与主体，提升自主创新能力，对创造高新区一流科技成果、引领一流科技前沿具有重要意义。高新区深入

---

* 本章主要研究成果得到常州市社科联与常州市新北区联合课题"常州高新区推进大众创业万众创新对策研究"的资助。

落实大众创业万众创新,其任务是引领万众向高科技方向创新,带动大众向高科技新兴产业上创业汇聚;其目的是要破解资源环境等约束,做强科技这个第一生产力,在科技革命中抢占制高点,实现科技与经济深度融合,实现创新链与产业链有效对接,从而实现新旧动能转换,促进经济保持中高速增长、迈向中高端水平。

常州国家高新区是1992年国务院批准最早成立的全国52个国家级高新区之一,经过多年发展,已形成基础雄厚、特色鲜明的高端智能装备、新材料、光伏、生命健康等优势产业。全区大众创业万众创新已形成良好局面,涌现了一批创新创业平台,集聚了一批创新创业人才,初步构建了政策、金融等支撑系统,成为常州产业转型升级的"助推器"和经济发展的"新引擎"。

立足"十三五"新起点,常州高新区尽快适应、引领新常态,在苏南国家自主创新示范区建设中争先进位,推动常州"一区一中心一城"发展目标尽快实现,全面推进大众创业万众创新是其必然的战略选择。

第一节 借助高新平台,创造双创新业绩

随着常州全面加快创新型、创业型城市建设持续深入,高新区作为推动全市创新创业发展的先行军和主力军,在双创人才引育、双创平台建设、产业结构优化以及政策扶持等方面,基本形成了以"龙城英才计划"为主要人才抓手、以"众创空间—孵化器—加速器"为企业科技孵化链条、以"三位一体"战略引领产业转型升级、以政府政策为引导和扶持的创新创业发展体系。

一、双创平台稳步建设,支撑功能提升

为激发创新创业潜力,高新区把创业平台建设作为区域创新体系建设的重要抓手。目前,全区建有传统孵化器、加速器26家,其中国家级4家,省级4家,三晶孵化器成为国家"众创空间—孵化器—加速器"科技创业孵化链条示范单位;市级及以上众创空间17家,总面积已达1.8万平方米。

为提升自主创新能力,高新区以创新平台发展为主要突破口,连续两年专利申请突破万件。到2015年底,全区累计拥有省级以上各类研发中心

238家,其中,国家重点实验室1家,国家级企业技术中心37家,国家级博士后科研工作站9家,院士工作站17家,重大创新载体9家。

二、双创政策不断完善,引导作用加强

在推动创新创业的过程中,高新区政府在推进产业转型、平台建设、人才引进等方面提供了相应的政策引导与支持,政策兑现力度逐年加大。

围绕支持实体经济发展和推进企业转型升级,强化政策扶持的杠杆效应,出台了《关于促进实体经济发展,加快经济转型升级的若干政策意见》《中小企业融资扶持基金实施方案(试行)》等相关政策,改善企业金融服务,充分发挥中小企业融资扶持基金导向作用。围绕现代服务业发展,出台了《关于进一步加快全区现代服务业发展的若干政策意见》等文件,重点支持高效物流、文化创意、科技金融、平台经济、电子商务和旅游休闲。

为加强政策和科技投入保障,优化创新环境,加大研发投入,加快成果转化,高新区出台了《常州国家高新区创新驱动战略提升三年行动计划(2013—2015)》《关于加快苏南国家自主创新示范区建设若干科技新政策意见》等,全力打通政策落实的"最后一公里"问题。

高层次创新创业人才支持政策主要以常州市"龙城英才计划"系列政策为主,并在此基础上出台区级人才双创支持政策,不断对上补位、向下延伸,构筑"市—区—镇"三级政策支持体系,《常州新北区对"龙城英才计划"重点领军人才创业企业给予房租补贴的意见》《常州高新区关于实施人才强企战略的意见》等文件中针对高新区人才队伍的建设与发展提出了相应的支持、鼓励政策。

三、双创金融初步形成,促进效用显现

据不完全统计,截至2016年,高新区共有银行17家、担保公司8家、保险公司22家、创投公司24家,已基本形成"政府、银行、担保、保险、创投"五位一体的创新创业与金融融合的机制。区政府先后出台了《常州国家高新区促进金融产业发展的若干意见》和《常州国家高新区加快推进金融集聚区建设实施方案》,旨在优化产业布局,推动金融集聚;大力发展各类新型金融业态,构建完善的金融产业体系;推进金融产品和服务创新,支持中小微企业发展。

截至2015年底,全区国有企业投资基金共有19只。基金总规模为

115.96亿元,区内投资总规模14.79亿。累计投资项目148个,累计投资金额25.65亿元,在投项目133个,在投金额23.53亿元,累计投资收益1.7亿元。

四、双创人才加速聚集,创新活力迸发

"十一五"以来,高新区通过"龙城英才计划""千人计划"及"万人计划"等签约引进领军型创新创业人才598名,其中,留学归国人员341名,"千人计划"专家88名,国家"千人计划"专家总数位居省级以上开发区第二。"十二五"期间,通过七批"龙城英才计划"签约引进领军型创新创业人才434名,是前五年的近3倍,其中国家"千人计划"专家总数位居省级以上开发区第二。高新区人才集聚的总量和质量均有大幅度提升。

通过领军型创新创业人才的引进,带动了高新区新兴产业快速发展。目前,高新区签约引进的524名创业人才中有426人在区内创办科技型企业,"十二五"期间,人才企业累计实现销售收入48.67亿元,年均增长51.3%。同时,人才企业利用多层次资本市场,拓展融资渠道,一批企业正步入快速成长期,未来有望借助资本市场实现跨越式发展。

五、双创产业健康发展,转型升级加速

近年来,高新区通过落实"三位一体"政策,鼓励引导八大产业链建设发展战略性新兴产业,利用"双百"行动计划及培育"十百千"创新企业,加大技改投入,实施以提升产业层次、优化生产工艺、深入推进节能改造等为目的的技术改造项目,加快产业转型升级,取得显著成效。目前,常州国家高新区的产业发展动力逐渐由工业带动向新兴产业、现代服务业双轮驱动转变。区八大产业链中,新材料、汽车及零部件、光伏产业链发展领先,2015年分别完成工业总产值823.4亿元、315.1亿元、340.3亿元。全区服务业发展态势良好,消费市场平稳增长,2015年实现服务业增加值458.5亿元,同比增长12.5%,占GDP比重为44.5%。

第二节 对照先进标杆,聚焦双创新问题

一、产业链条发展不全,高端产业有待提升

与苏州工业园区、无锡高新区等邻近城市高新区比较,常州高新区产业

链尚待进一步完善。高新区重点建设的新材料、汽车及零部件、光伏新能源等八大产业链,多数仍处价值链中低端,亟待向"微笑曲线"的研发设计、市场研究、咨询服务以及第三方物流、供应链管理优化、销售服务、品牌等价值链高端延伸。与苏州纳米材料和无锡物联网产业相比,产业规模有待扩大、竞争优势有待加强、产业特色有待明晰。此外,高新区与同城其他区域产业存在产业同构现象,造成产业集聚度下降、资源重复配置。

二、双创平台活力不强,载体功能有待完善

双创平台是区域创新体系建设的重要载体,高新区在激发双创平台潜力和活力方面与苏州工业园区、苏州高新区、无锡高新区等相比存在一定差距。截至2015年,常州高新区高新技术企业累计达338家,苏州工业园区、苏州高新区、无锡高新区高新技术企业分别达到632家、358家、300家;万人专利拥有数量、研发投入占比等指标较其他三者也处劣势,说明常州高新区企业研发投入和科研产出不足,这必将减弱发展后劲(如表2.1所示)。

表2.1 2015年常州高新区与其他高新区双创平台建设主要指标对比

主要指标 \ 各高新区	常州高新区	苏州工业园区	苏州高新区	无锡高新区
国家级创业平台/家	6	9	5	7
高新技术企业/家	338	632	358	300
万人专利拥有数量/件	31.71	>80	53.5	>50
研发投入占比	2.8%	3.35%	3.5%	4.1%

从平台所有制性质看,常州高新区双创平台以国有为主,民间资本投资的大型双创平台较少,辐射能力强的品牌平台少,且平台资源的专业性、平台对项目的加速能力欠缺。

从功能上看,一些众创空间还停留在提供场地和硬件设施层面,无力提供创业辅导、项目推介、创业融资、项目市场化运作等专业服务;从总体上看,多数众创空间专业化运营能力不强,创新创业载体工位使用效率低,创新创业氛围不够浓厚。大多数众创空间主要以提供网络空间工位和公共会议室等硬件这类低端服务为主,缺少国内外高端众创空间运营机构提供创业辅导,其组织方式多数表现为简单集中而非思维聚合,且存在同质化倾

向,专业特色和主攻方向还不明显。

三、双创人才根植不深,引育用留有待补足

从人才引进数量上看,常州高新区与无锡高新区相当,与苏州工业园区的差距较大(如表 2.2 所示)。而从人才质量上看,常州高新区在人才选择和引进过程中,对于人才和区域产业结构匹配度的把握不够明确。2015年,常州高新区与苏州工业园区的人才企业销售收入分别为 20.99 亿元、59.23 亿元,常州高新区人才企业整体规模较小。

表 2.2 2015 年常州高新区与其他高新区双创人才相关指标对比

各高新区 相关指标	常州高新区	苏州工业园区	苏州高新区	无锡高新区
"千人计划"专家/人	88	124	35	67
省"双创人才"/人	66	134	53	97

常州高新区高层次人才根植性较差,目前,常州高新区将人才工作的重点放在外部人才引进方面,对于本土人才培育工作的关注度不够,企业高层次人才的引、留工作难度巨大。

四、双创金融创新不足,产品服务有待提升

目前,常州高新区已基本形成了与区域经济总量及区域特色相适应的初级金融体系,但是,从总体上看,常州高新区科技金融服务尚处于起步阶段,科技与金融结合的体制机制亟待创新,适应科技企业不同发展阶段的直接融资渠道和完善的金融服务平台还没有真正建立起来。与苏州工业园区、无锡高新区相比,常州高新区引进的股权投资基金的资金总规模不大,金融产品创新发展步伐缓慢。由于科技创新的高投入和高风险仅靠单一投资主体和渠道难以解决,而政府由于支出有限又无法加大投入,因此各金融机构对科技创新的信贷投入积极性不高,民间金融有待进一步创新发展,常州高新区双创科技金融体系有待完善。

五、双创政策优势不明,扶持精准度有待加强

目前,常州高新区对于产业结构优化、双创平台建设以及双创人才的扶持政策体系大多是建立在相关市级政策体系之上的,重点在于对市级政策的补位,尚未出台关于发展众创空间推动大众创业万众创新的实施意见,缺

乏顶层设计。既有的政策措施政出多门，部门间缺乏协调配合，资源条块分割，使得创新创业的政策散落各家，没有得到有效整合，集成度还不高；政策的推动和落实尚未到位，资金配套没有跟进；信息不对称，政策宣传不到位，知晓面有限；政策扶持欠精准，未能为创业团队、初创企业提供创业资金支持。双创支持政策的精准度不足，对人才吸引力较弱，不仅使常州高新区与苏州工业园区、无锡高新区等相比特色不足，而且使其与常州市其他辖市（区）相比也无突出优势。

第三节 激活双创要素，开启经济增长新引擎

激活人才、技术、资本等创新创业要素，推动创新创业要素向高新区集聚，加快形成大众创业万众创新的生动局面。推动创新创业要素向新材料、新能源、通用航空、装备制造、生命健康等战略产业集聚，使大众创业万众创新融入高新区的产业基因和血液，成为经济增长新引擎。

一、构建双创平台体系，实现"筑台育种"和"筑台引技"

围绕高新区主导产业，构建由众创空间、特色小镇、众创集聚区等新型产业组织形态组成的创新创业平台体系，集聚技术资源，实现创新成果孵化、转化和产业化，推动双创平台精准服务高新区实体经济发展和产业转型升级。

创新建设众创空间，大力培育科技项目和产品。一是创新孵化载体。充分发挥市场配置资源的决定性作用，鼓励行业领军企业、国家和省级孵化器、技术研究院、院校科技园、创投机构等各类市场主体投资建设或管理运营创客空间、创业咖啡、创新工场等新型孵化载体，利用老旧厂房、闲置房屋、商业设施等资源进行整合和改造提升，鼓励引进国际国内知名创客孵化培育管理模式，打造一批市场化、专业化、集成化、开放式的众创空间，为创新创业者提供低成本和便利的工作空间、网络空间、社交空间和科技资源共享空间。二是提升现有科技创新载体功能。充分发挥高新区优势，提升、改造现有科技企业孵化器、产业技术创新联盟、工程技术中心、公共技术服务平台等科技创新载体，利用资源优势和孵化经验，突显产业特色，增强服务功能，激发其在高新区创新活动中的新活力。推进"互联网+"与传统创新

创业载体融合,发展"线上虚拟空间"与"线下实体空间"相结合的新型众创平台,通过线上线下相结合,为创客群体拓展创业空间。三是开展科技创业孵化链试点。支持有条件的孵化器开展"苗圃—孵化器—加速器"科技创业孵化链条建设试点,针对创业不同发展阶段需求,对创业团队开展选苗、育苗和移苗入孵工作,为有创业意向的各类人员开展创业见习实习,免费提供办公场所和辅导培训;对孵化器内企业提供高水平、高质量的专业化孵化服务;对高成长性企业支持其进入加速器快速成长,在一个体系内有效集成各类资源和服务。探索众创空间、孵化器、加速器和创新型产业集群协同发展的机制,实现从团队孵化到企业孵化再到产业孵化的全链条一体化服务。

布局建设特色小镇,形成"一镇一特色"。一是建设"产业小镇",形成"一镇一特色产业"。以常州建设国家产城融合示范区为契机,以建制镇、街道、开发区为单元,规划建设一批产业特色鲜明、功能集成完善、体制机制灵活的"产业小镇",发挥区、镇产业"长板"优势,按照产业链打造众创空间、孵化器、加速器、产业园区,形成点、线、面结合的特色产业创新创业孵化链,形成"一镇一特色产业"的产业经济新格局。鼓励孟河、西夏墅、奔牛等乡镇创建特色产业小镇、物流小镇,打造完整的产业生态圈,培育在国内外具有较强竞争力的"隐形行业冠军"。二是建设"双创小镇",形成"一镇一双创要素"。以培育、强化创新创业投入要素和渠道为主要目标,依托高新区部分乡镇、街道创新创业发展基础,规划建设一批高智力密集度、高产业附加值、高创新创业活力的"双创小镇"。通过整合人才、金融、信息等创新资源,形成双创投入要素的专业集聚区。鼓励薛家、河海、三井、龙虎塘等乡镇、街道先行先试,建设互联网小镇、基金小镇、创意小镇、金融创新小镇等。三是建设灵活的体制机制。将特色小镇纳入综合改革实验区,区级各项改革举措率先在特色小镇试点。形成特色小镇有别于传统产业组织形态的特点:运作方式新,采用分批建立创建对象、中间动态优胜劣汰、建成后验收命名的"创建制";规划建设理念新,融入了多项功能叠加、培育上市公司等新理念;建设机制新,坚持"政府引导、企业主体、市场化运作";扶持方式新,实施有奖有罚的土地供给方式、期权式的财政奖励方式,助力特色小镇务实建设。

加快建设众创集聚区,打造"一区一战略产业"。一是规划布局众创集聚区。围绕高新区战略主导产业,依托产业空间载体,加快产业资源、众创资源整合、集聚,以战略产业科技成果转移转化为重点,扩大"双创"源头供给,使其成为战略主导产业创新创业活动的重要载体。鼓励滨江新材料工业园、光伏产业园、生命健康产业园、航空产业园等园区建设众创集聚区,形成新能源、新材料、生物医药、高端装备制造等产业创新创业集群,助推产业高起点发展。二是提升产业升级助推功能。吸引国有、民营资本和龙头企业建设专业性强、产业集聚度高的专业孵化器,加快集聚研发设计、商务物流、检验检测、融资担保等机构,吸引、建设产业技术创新总部、专业检验检测中心等,助力产业向价值链高端攀升。三是提升产业创业服务功能。加快集聚科技咨询、天使投资、财务服务、法律咨询、知识产权、技术交易等创业服务机构,运用"互联网+创业"等新模式,建设完善一站式服务平台,形成创业企业集中、创业服务完善、创业氛围浓厚的创业空间。鼓励龙头骨干企业设立专业化创业创新孵化服务平台和内部创客空间,促进企业在研发、生产、营销、服务、管理等领域改革创新,打造辐射能力强的品牌化众创空间。

二、升级双创人才工程,实现"筑巢育鹰"和"筑巢引凤"

坚持政策引才、平台聚才、灵活用才、环境留才,让人才"领舞"创新、"领军"创业,加快打造常州高新区人才特区,建成常州高新区创新创业人才绿洲。

政策引才,平台聚才,打造创新创业人才"磁场"。一是完善政策体系,升级招才引智计划。深入落实"龙城英才计划"3.0版及国家、省系列领军人才计划,制定并实施《高新区创新创业人才实施方案》,健全完善"人才+智力+项目"的人才引进及激励保障机制,打造高新区人才特区。聚焦战略性产业培育、重大科技攻关领域,面向全球引进首席科学家等高层次科技创新人才,为国内外首席科学家提供专业定制服务。制定切合新兴产业、中小企业实际情况的人才引进政策,加大对博士、高级蓝领、企业管理人才、技能型人才的补助激励力度,将金融商务人才、高技能人才、教育人才、卫生人才、文化人才等纳入"招才引智"计划。设立"常州高新区创新创业人才奖",开展创新创业人才及优秀团队评选活动,营造重视人才、尊重人才的浓厚氛围。二是搭建"引凤"平台,汇聚创新创业人才。支持区内企业、研发机构同国内外高校、科研院所合作建立院士工作站、博士后工作站等高水平载体,引进尖端技术研发、高端产业发展、企业和园区管理所需的各类高层次人才和高水平创新团队。积极申办"中国创新创业大赛行业总决赛"等规格高、影响面广的专业创新创业赛事,借助比赛宣传高新区创业环境和政策,吸引优秀创业项目落户高新区。充分发挥"5·18"中国常州先进制造技术成果展示洽谈会、中国常州科技经贸洽谈会等科技交流及对接平台功能,吸引优秀人才和项目落户高新区。三是拓宽引才渠道,创新引才模式。通过和国内外最有经验的投资平台、运营平台、科技服务平台合作,实现人才引进的市场化、专业化;积极发挥常州市驻各地联络处、海外同学会以及中介组织在人才引进过程中的作用,对于成功推介创新创业人才来高新区发展的机构给予奖励。通过开展引才引智品牌活动,组织举行选拔创新创业领军人才活动、高新区高层次人才表彰大会、高端人才全球招聘活动等,创新引才方式。积极发挥政策和服务优势,鼓励并协助创业人才团队做好以才引才、以才引团队工作,形成创新创业人才引进的"葡萄串效应"。

创新用才,联合育才,释放人才创新创业活力。一是创新管理机制,提高人才创新创业积极性。创建人才改革示范区,利用国家级高新区、苏南自主创新示范区等优势,推进人才政策先行先试,为全市人才工作体制机制创新突破提供可复制、可推广的经验。进一步落实科技成果转化的市场定价、利益分配机制,鼓励各类企业通过股权、期权、分红等激励方式,调动科研人员创新创业的积极性。试点建立与国际规则接轨的高层次人才招聘、薪酬、考核、科研管理、社会保障等制度,支持科研院所、园区等试点建立"学科人才特区",实施长聘教职制度,构建灵活的用人机制。探索海外人才离岸创业管理模式,吸引海外人才在高新区注册企业并进行离岸孵化,建立多层次的离岸创业服务支持系统,探索可复制、可推广的离岸创业托管模式,为海外人才营造开放、便利的创业营商环境。探索"月度专家""季度科学家"等模式,吸引掌握前沿技术、有成功创业经历的国内外高层次人才不变身份、不转户口、不转档案到高新区创新创业,推动跨区域人才共享。二是建立"人才驿站",完善科研人才双向流动制度。允许事业单位科研人员在职或离岗创业,加快落实科研人员离岗创业在创业孵化期内保留基本待遇、参加职称评聘等政策,创业孵化期内返回原单位的科研人员按照原聘专业技职务继续聘任。支持企业创新创业人才到高校、科研院所兼职,鼓励高校、科研院所聘任企业、行业高层次人才担任兼职导师。通过双向挂职、短期工作、项目合作等柔性流动方式,每年引导一批高校、科研院所的博士、教授向企业一线有序流动。三是政、行、企、校联动,构建"四位一体"的创新创业人才培育体系。利用常州职业教育良好的基础,推进部分普通本科高校、高职院校向应用技术型、创业型高校转型,政府对校企联合招生、联合培养模式给予政策支持,提升高校人才培养对产业的支撑。支持大学生创业创新,推出"大学生创业券",对为大学生提供创业辅导、创业实训等服务的专业培训机构、孵化器等给予补贴;实施青年大学生创业引领计划,积极落实创业贷款担保、大学生科技创业基金、创业培训见习、税费减免、初创期创业补贴等鼓励创业的政策措施。大力实施专业技术人才知识更新工程,聚焦科技创新,集中开展高层次急需紧缺和骨干专业技术人员专项培训。

环境留人,服务留心,实施"人才生根"战略。一是打造"宜创"家园。坚持"生态、生活、生产"三生共融,加快建设"宜研、宜业、宜商、宜居"四宜相合的产城融合典范区,逐步建立较为完善的人才政策和创新创业、科技研发、产业发展体系,优化人才发展环境,努力打造全市双创人才创新创业高地。着力为双创人才提供高端完备的基础配套服务,启动建设龙城人才港,配套建设孵化、休闲、居住等基础设施,为高端双创人才提供办公、孵化、生活等工作生活配套服务。二是提升人才服务能力。探索组建创新创业人才管理服务中心或设立双创人才服务大厅,打造与市场、入驻企业衔接充分的专业化服务团队;引进专业人力资源公司,在孵化器、众创空间开设"人才服务站",开展"人力资源服务创客行"活动,通过政府购买服务的方式,为企业提供优质的公共服务和市场化服务。设立双创人才服务专窗,配备双创人才服务专员,通过专窗受理、专人督办、开辟绿色通道、部门协同等方式,为双创人才提供政策咨询、注册登记、住房保障等"一站式"服务。建立领导干部联系专家和人才服务专员制度,把服务延伸到人才工作、生活、学习等各个方面,为高端人才提供工作调动、子女入学、职称评审、档案管理、医疗保险等全方位服务,营造拴心留人的良好环境。三是创新人才服务模式。启动"互联网+双创人才"服务模式,建立集人才需求定制、政策发布等功能为一体的人才信息网络服务平台,实现为双创人才生活、工作服务的"在线办理"。大力开展创业服务活动,举办"常州高新创客节",依托"天使下午茶"等平台,开展创业培训、交流活动,构建充满活力的创新创业生态圈。

三、提升双创金融服务,实现"开源蓄资"和"建池引资"

搭建融资平台,以供给侧改革激发"双创"新活力。一是创新金融信贷产品。借鉴国内部分地区先进经验,全方位整合银行、担保、保险和创投等资源,构建"3+X"科技信贷产品体系,实现对初创期、成长早中期、成长中后期科技企业不同融资需求全覆盖。"3"即微贷通(科技小微企业微贷通贷款)、履约保(履约保证保险贷款)和信用贷(科技小巨人信用贷款)等金融产品,"X"指满足某类企业特质的个性化科技信贷产品,如创新基金信用贷、成果转化信用贷、软件产品信用贷、知识产权质押贷款等,构建以"普惠金融为基础、个性化量身定制为重点"的科技金融体系。二是建设科技债券市场。加大对科技型中小企业的债务融资支持力度,鼓励和引导符合条件的科技型企业发行公司债、集合债券、集合票据、区域集优票据、非金融企业短期融资券和私募债等。三是拓宽融资渠道。积极引进国内外大型主营科技融资租赁业务企业入驻高新区,开展直接租赁、回租、转租赁、委托租赁等融资租赁业务。建立知识产权交易流转市场,致力于挖掘专利、专著权等沉淀资产,建立与该市场有关的保险、担保、投资、融资、专利许可、拍卖、出资入股等多元化价值实现形式。积极组建众筹平台帮助众创空间开展创新产品众筹、股权融资众筹等融资服务。鼓励创新创业企业到资本市场上市,支持创新创业企业在"新三板"挂牌交易。

完善股权投资链,以财政杠杆撬动"双创"新动力。围绕创新链布局资金链,通过设立产业创投基金,采用公司化运营方式,打造天使投资、VC/PE完整投资服务链,为处于不同发展阶段的企业提供资金、平台与业务的组合支持。一是设立高新区"创业种子投资基金""成果转化基金",以公益参股、免息信用贷款等方式支持落户高新区的创业团队和种子期创新型小微企业,开展持股孵化,助推区内科技型中小企业加快产业化和转型升级发展步伐。二是设立高新区"天使投资基金""知识产权投资基金",以股权方式支持区内重点行业、创新型企业,并吸引和撬动社会资本投资区内优势产业、优秀项目,进一步提高财政资金的使用效率、降低科技金融的服务成本。三是成立股权投资中心,联合国内外创业投资机构,加快建设具有产品众筹、种子、天使、风险、PE 等的多层次的 O2O 股权投资中心。

搭建共享平台，以多层次投融资服务拓展"双创"新空间。一是建立银政企联动合作平台。组织高新区入驻银行、重点企业、创投公司、担保机构及相关政府部门联合成立"科技金融创新创业联盟"，进一步完善银、企、政对接机制，协调整合高新区资金、项目、信息等资源，为企业在融资、投资、政府资金支持以及商业往来等方面提供全方位、链条式服务。二是创建创投资本对接平台。推动成立"股权投资基金行业协会""投保贷同盟"等机构，同时发挥"高新区科技金融服务中心"等已有组织和平台功能，定期举办项目路演、科技金融沙龙等活动，畅通创投、金融机构和企业间的交流渠道，鼓励创投机构与银行、担保、小额贷款机构开展对接合作，引导创投机构与科技企业孵化器、大学科技园等创业孵化平台开展深入合作，推动创投机构采取阶段参股、跟进投资、风险补偿等多种方式，为处于不同发展阶段的企业进行创新创业提供金融保障。三是构筑科技金融区域合作平台。主动融入上海国际金融中心建设，享受长三角信贷市场、金融信息服务、要素配置市场等金融与科技一体化成果，在金融资源开发、金融设施配套、金融信息共享、金融市场开拓和金融监管司法保护合作等政策对接方面，形成金融与科技同城、金融与科技服务聚集的模式，为区内科技创业企业提供更优质的服务。四是建设征信系统平台。利用大数据、云计算等先进技术，加快科技创业企业诚信数据库建设，完善信用风险评估体系，强化风险定价机制，推动信用评级市场发展，政府依据企业信用状况给予信用增进机制、科技担保和再担保体系等相应的政策扶持。

第四节　深耕双创之壤，优化转型升级新生态

进一步探索有利创新创业的体制机制创新，完善创新创业政策体系，提升创新创业服务能力和水平，营造鼓励创新创业的文化氛围，是促进大众创业万众创新扎根高新区的基本保障。

一、探索先行先试，深化体制机制创新

强化顶层设计。尽快出台推进高新区大众创业万众创新的实施意见，确定大众创业万众创新的总体目标、任务和举措，明确路线图、时间表、项目

制和责任制。建立健全跨部门、跨行业统领全局的联席会议制度,形成多部门协调推进创新创业的工作机制,及时研究解决涉及创新创业的重大事项,建立科学合理的创新创业工作考核评价机制,提升政府精准的服务能力。加快建立创业创新企业、天使投资、创业投资统计指标体系,规范统计口径和调查方法,加强监测和分析。探索完善创业人员社会兜底保障机制,形成政府激励创业、社会支持创业、大众勇于创业的良好局面。

完善公平竞争市场环境。进一步转变政府职能,增加公共产品和服务供给,为创业者提供更多机会。加快推进"四张清单一张网",推广一站式网上审批,着力减少审批前置条件,提高政府服务效率,为创新创业团队和人才提供全方位服务。降低创业门槛,简化创业程序,完善创业公共服务,让有意愿的创业者方便创业。清理各种不合理收费,减免中小微企业税、费,强化普惠性政策支持,让有意愿的创业者能轻松创业。建立和规范企业信用信息发布制度,制定严重违法企业名单管理办法,把创业主体信用与市场准入、享受优惠政策挂钩,完善以信用管理为基础的创业创新监管模式。

深化商事制度改革。推进"证照合一""一室多照""集群登记"等政策,简化工商注册、股权转让等手续。打造"一网式"创新创业政策平台,加强政策透明度、知晓度,促进线上线下政策服务互动,加快各项政策的兑现速度。开展企业简易注销试点,建立便捷的市场退出机制。依托企业信用信息公示系统建立小微企业名录,增强创业企业信息透明度。

二、完善双创政策体系,强化精准扶持

确保政策衔接和落地。加强各类政策统筹,加强高新区与国家、省、市相关部门政策联动,形成支持创新创业的政策合力,并确保已出台扶持政策具体化、可操作、能落地,切实解决政策落实"最后一公里"问题。产业政策重心从扶持企业、选择产业转向激励创新、培育市场,以"完善市场制度、补充市场不足"为重点,政府作用主要是增进市场机能、扩展市场作用范围并在公共领域补充市场不足。切实加大对专利、创意、模式、设计等创新创业源头性创新资源形成环节的投入,确保创新创业活动可持续发展。科学评估已有创新创业政策,适时修改完善。

落实普惠性税收措施。把握机遇,全面复制推广中关村等地成熟经验和政策,推动自主创新示范区创新政策先行先试,积极落实好"6+4"政策。

落实各级政府扶持小微企业发展的各项税收优惠政策。落实科技企业孵化器、大学科技园研发费用加计扣除、固定资产加速折旧等税收优惠政策。对符合条件的众创空间等新型孵化机构适用科技企业孵化器税收优惠政策。按照税制改革方向和要求，对包括天使投资在内的投向种子期、初创期等创新活动的投资，统筹研究相关税收支持政策。落实企业转增股本分期缴纳个人所得税试点政策、股权奖励分期缴纳个人所得税试点政策。落实促进高校毕业生、残疾人、退役军人、登记失业人员等创业就业的税收政策。

发挥政府采购支持作用。完善促进中小企业发展的政府采购政策，加强对采购单位的政策指导和监督检查，督促采购单位改进采购计划编制和项目预留管理，增强政策对小微企业发展的支持效果。加大创新产品和服务的采购力度，把政府采购与支持创业发展紧密结合起来。

三、创新内容和模式，打造双创服务"升级版"

提高服务能力，建设创业创新云服务平台。提升创业创新综合服务平台功能，在提供创业扶持政策发布咨询、创业信息汇聚、创业投资对接等基本服务基础上，通过凝聚一批熟悉产业领域的创业导师和培训机构，开展创业培训，举办项目路演等创业活动，推广投资促进型、媒体延展型、培训辅导型、创客孵化型、专业服务型等创新服务模式，由"保姆式"创业服务向"教练式"创业服务升级。构建专业服务链，充分利用各类众创空间、科技企业孵化器、小微企业创业示范基地、电子商务示范基地、大学科技园和高校、科研院所的基础条件，引入第三方专业服务，为创新创业主体提供创新培训、研发众包、仪器设备使用、检验检测、知识产权、数据分析、法律咨询、财务咨询等专业服务。鼓励资源共享，鼓励各类创业创新服务机构平台开放、资源共享、功能互补、合作共赢，建立健全制造业企业的科研设施、仪器设备、宽带接入等资源向创客企业开放的运行机制，联合打造从创意到产品的"众创、众包、众扶、众筹"全过程伺服支撑体系，为创业者提供专业化、差异化、多元化的创新创业服务。支持组织区域性、全国性和国际性的创业创新大赛、创业大讲堂、创业训练营等公益性活动。

创新服务模式，促进融合创新。利用大数据、云计算、移动互联网等现代技术手段，实现"互联网+创业服务"，促进创业与创新、创业与就业、线上与线下相结合。支持建设互联网众创空间，加强创业创新信息资源整合，增强创业创新信息透明度,为创业主体提供培训、技术支撑、产品评估等服务。鼓励和引导大型互联网企业和移动、电信等运营商向创业者开放计算、存储和数据资源,为创业主体提供便捷、低廉、有保障的双创服务,为创业创新者提供跨行业、跨学科、跨地域的线上交流和资源链接服务。积极推广众包、用户参与设计、云设计等新型研发组织模式和创业创新模式。

四、营造文化氛围,打造双创品牌

大力培育创业精神和创客文化。积极倡导敢为人先、宽容失败的创新文化,树立崇尚创新、创业致富的价值导向,将奇思妙想、创新创意转化为实实在在的创业活动。加强各类媒体对创新创业的新闻宣传和舆论引导,评选一批创新创业典型人物,报道一批创新创业先进事迹,让大众创业万众创新在全区蔚然成风。

建立健全"容错机制"。营造宽容失败的氛围,引导大众尊重创业者、正确认识创业失败,形成允许失败、鼓励"东山再起"的创业创新氛围。建立宽容失败的机制,完善社会保险制度,建立创业失败补偿基金、创客企业库风险资金池等,强化对创业失败者的帮扶。

建立高新区双创指数。以全球创新指数、中国创新指数、中关村指数、张江指数、青岛蓝贝指数等具有较大影响力的创新创业指标评价体系为参考,构建适应高新区特点的创新创业综合指标评价体系,并定期发布"高新区双创指数"。通过研究指数变化,掌握全区双创工作的投入和产出情况,观测双创要素流向,分析双创产出变动的影响因素,为政府决策提供依据。

打造双创品牌。统一整合高新区双创资源,加大宣传力度,开展以统一名称冠名的创新创业大赛、投资路演、创业沙龙、创业讲堂、创业训练营等双创活动。推出同品牌双创人才计划,加大力度宣传高新区双创典型人物和典型创业故事。发挥广播、电视、报刊等传统媒介和网站、论坛、微信、微博等新媒体的作用,多形式、多渠道加大对高新区双创品牌的新闻宣传和舆论引导,多维度、全方面树立具有高新区特点的双创品牌。

他山之石（二）：部分高新区双创工作先进经验

一、苏州工业园区金鸡湖创业长廊

金鸡湖创业长廊已构建多园共举拱卫格局，形成苏州国际科技园、西交 SKEMA 国际创新创业园、东坊创智园地产业园、清华启迪科技园四大众创空间集聚区。

苏州国际科技园：又名创意产业园，已集聚腾讯众创空间、Plug & Play 苏州、36氪、苏大天宫、蒲公英、创客邦、精尚慧等众创空间，以及云计算企业 200 多家。苏州国际科技园是中国科技企业孵化器、国家软件产业基地、国家动画产业基地、国家海外高层次人才创新创业基地、中国欧美软件出口工程试点基地、中国留学人员苏州创业中心、中国服务外包示范基地以及苏州市云计算产业基地。

西交 SKEMA 国际创新创业园：已集聚启点咖啡、百度（华东）开发者创业中心、摩尔吧、南极圈、东创空间、优投创业营、山大南湖梦等众创空间。西交 SKEMA 国际创新创业园孵化领域主要涵盖电子信息技术、精密制造技术、环保科技、生物医药技术、商服企业品牌创新、城市运营管理等六大领域，孵化企业超过 120 家。

东坊创智园地产业园：是斜塘街道区域内国资管理的创新型产业园项目。已签约入驻东坊创智园地产业园的有苏州 CY 探索者众创空间、欧朗物联硬创空间等创客硬件型孵化器。

清华启迪科技园：启迪众创工社被认定为苏州园区众创空间，定位于打造孵化器的孵化器，重点关注新一代互联网、智能硬件、文化创意、节能环保、生物医药、公益组织等行业在"互联网＋""金融＋""设计＋"等领域的创业项目和创业团队。

金鸡湖创业长廊通过对众创空间集聚区的合理规划，有序引导众创空间合理布局，以区域发力，聚合成塔，影响力不断扩散苏州，辐射长三角。

二、重庆市加快创业投资发展政策

重庆市人民政府办公厅于 2015 年 10 月 14 日印发了《关于加快重庆创业投资发展的意见》（渝府办发〔2015〕155 号），其核心内容如下：

提出构建"1+3"政策体系,加快发展创业投资的部署。"1"是指《关于加快发展创业投资的若干意见》,是重庆市支持创业投资发展的统揽性、纲领性文件;"3"是指针对"种子投资引导基金""天使投资引导基金""风险投资引导基金"分别制定的管理办法,设立3项引导基金。

着力解决五个方面的问题。一是培育种子投资基金;二是加快推动天使投资发展;三是扶持壮大风险投资;四是鼓励国有创投机构加快发展;五是集聚各类创业投资资源。

行业发展的重点及总体目标。重点通过政府引导,吸引各类主体积极参与,使创投资本多元化,集聚一批创业投资行业精英,构建满足创新型企业不同发展阶段融资需求的创业投资体系。

创业投资专项资金运用特点。将创业投资专项资金分为种子基金、天使基金、风险投资基金,给予项目从构思到诞生,从诞生到成长,从成长到壮大全周期的资金支持,实现了项目由小到大,由大到强的良性发展。种子基金关注"早和小",注重潜能发掘;天使基金关注创新要素,推动商业应用;风险投资关注产业培育发展,推动商业价值规模化。

三、成都"新十条"——建立科技成果转换高效通道的政策保障

2016年6月,成都市正式出台了《促进国内外高校院所科技成果在蓉转移转化若干政策措施》,即"成都新十条",主要内容包括:

① 支持在蓉高校院所开展职务科技成果权属混合所有制改革。
② 支持在蓉高校院所开展科技成果处置权改革。
③ 支持在蓉高校院所开展科技成果收益权改革。
④ 支持国内外高校院所在蓉建设新型产业技术研究院。
⑤ 推动在蓉高校院所与区(市)县共建环高校院所成果转化区。
⑥ 鼓励建立市场化技术转移机构、知识产权交易机构和科技成果评价机构。
⑦ 鼓励高校院所科技人才和大学生创新创业。
⑧ 拓宽高校院所科技人才创新创业融资渠道。
⑨ 支持在蓉高校院所共建研发创新平台并开放共享创新服务资源。
⑩ 鼓励高校院所开展鼓励科技成果转化的相关制度改革。

四、国内重点城市推进双创的启示

2015年7月,阿里研究院等机构联合发布报告,提出"中国硅谷"将集中在北京、上海、深圳、杭州、广州和成都六大创新创业城市。上述城市推进创新创业工作对常州高新区有以下启示:

1. "互联网+"的风口是创新创业的主战场

当前创新创业从创新的实施到商业化,其过程大都是以互联网为基础的。从上述城市创新创业工作实施情况来看,像淘宝、支付宝、微信等这样依托互联网的很小的创新举措而引发的产业颠覆浪潮,其影响力绝对不能低估。如以阿里巴巴、京东等为代表的"互联网+零售"正在改造着传统零售业;以蚂蚁金服、京东众筹等为代表的"互联网+金融"给传统金融业带来了巨大冲击;以"三微一端"(微博、微信、微视频和移动客户端)等为代表的"互联网+媒体"的开放平台正在颠覆着报纸等传统信息服务业。可以预见,依托"互联网+制造"的"工业4.0"时代必将迅速而彻底地变革所有的传统产业。当前,"互联网+"的演进正在催生着传统产业的革命,依托"移动互联网+"发展的新经济业态,已成为新的创新创业风口。

2. 活跃的资本市场是创新创业的催化剂

活跃的资本市场是创新创业的催化剂和助推器。上述重点城市都建有覆盖企业发展初创期、成长期、成熟期等各个不同发展阶段的金融体系。深圳集聚了全国1/3的创投机构,被称为中国创投之都;上海还在探索设立以民营资本为主的专门服务科技型中小企业的张江科技银行,并在上海股权托管交易中心设立"科技创新专板";全国第一批公募股权众筹平台京东众筹、蚂蚁达客和前海众筹也分别落户在了北京、上海和深圳。在具体的投融资服务中,各地都尽量将技术创新、模式创新和集成创新的项目进行股权化、证券化,便利于天使投资、投贷联动、融资担保、股权众筹等机构对创新链中的各环节提供全面金融服务。根据阿里研究院最新发布的《"移动互联网+"中国双创生态研究报告》显示,上述重点城市孵化的移动互联网相关创业企业占全国总量的81%,其中北京创新创业企业数又占到全国超过1/3,因此这些地区的创业集中度和投资活跃性远超其他地区。

3. 众创空间专业孵化是创新创业的重要支点

创业环境决定着创业企业的生存基础、运行方式和发展方向。上述重点城市本身都具有良好的创业孵化基础,并都将建设众创空间、创新工厂等新型孵化器作为创新创业工作的重要组成部分。在硬件建设、运营管理等方面都是大手笔投入,对入驻孵化的创业团队的房租、宽带接入、公共软件、开发工具等给予一定财政补贴,大大降低初创企业的创业门槛,提高创业成功率。一方面,新型孵化器成为草根创业者发展壮大的主要跳板,新型孵化器通过与外部资本合作,为创业团队提供能力培训、投资对接、技术支持、战略指导等全链条服务,并形成了创新与创业、线上与线下、孵化与投资有机结合的"服务+基金+培训"孵化模式,使众多小微企业和草根阶层得到了低成本创业机会。另一方面,专业人员的创业辅导可以有效地提高初创企业的成功率,让广大创业者在创业过程中少走弯路、少交学费、降低创业风险。

4. 典型引路与裂变衍生是创新创业的成功范式

创业者是创业公司的灵魂。就目前国内来看,阿里、百度、腾讯和奇虎360四家企业无论是规模、品牌、市场份额都占据了半壁江山,这些从大企业中走出来的创始人或创始团队成员,在人才培养、业务锻炼、资源聚集等方面积累了丰富经验,熟悉创新创业的方法和路径,并掌握一定的创新创业资源,更重要的是他们捕捉到了新的创新创业商机,较易突破创业初期的发展瓶颈,获得先人一步的竞争优势,这些人才产生的"溢出效应"为当地创业圈带来了核心驱动力。这些企业已经成为创业者的"摇篮"或"练功房",并激活了更多创新产品、创业项目,已形成快速规模化、可复制的创新创业成功路径,有效推动了创新创业工作的开展。

5. 政府的精准服务是创新创业的有力保障

创新创业工作离不开政府的大力支持与政策环境的营造。出台《国务院关于大力推进大众创业万众创新若干政策措施的意见》后,上述重点城市政府相应出台了一系列支持创新创业发展的政策,着力打造以政府支持政策为导向,以创业培训、投融资对接、政策申请、工商注册、法律财务、媒体资讯等为服务内容的创新创业生态系统。将加快政府职能转变和行政审批改革作为推进创新创业工作的重要举措,用政府权力的"减法",换取市场活力的"乘法",大力发展专业化、市场化、社会化的科技中介服务机构,把众创空间等新型孵化器建设成低成本、便利化、全要素、开放式的综合服务平台,对于市场导向明确的创新活动,更多运用跟投、后补贴、奖励等投入方式,凡是市场机制能够实现或有社会组织能够替代的服务功能都交由市场来解决。

他山之石（三）：国内外推进双创工作的经验

以色列、芬兰等发达国家和美国硅谷、匹兹堡以及国内深圳等城市和地区在推进创新创业等方面有许多有益的经验和举措,值得常州高新区学习和借鉴。

一、以色列推进双创的经验

以色列坚持走科技强国之路,重视教育和人才培养,成为中东地区唯一的发达国家。其在军事科技、电子、通信、软件、医疗器械、生物工程、农业、航空等领域世界领先,人均拥有创新企业、高科技公司、专利数等均居世界第一,拥有14位诺贝尔奖获得者,纳斯达克上市企业逾80家,仅次于美国居世界第二位,被誉为"中东硅谷"。究其原因,一是政府研发高投入。出台《鼓励工业研究与开发法》,对具有创新性、技术可行性和良好出口前景的工业研发项目,政府给予所需资金30%~66%的补助。二是对高科技企业实行减免税收。如《税收改革法案》对外国投资者风险投资以色列的初创型高科技企业,可豁免资本利得税。《天使法》对投资高科技企业的机构,按其投资额给予税收减免。三是政府引导基金高效运作。早在1992年,以色列政府就设立了规模为1亿美元的YOZMA创业引导基金。YOZMA不直接投资企业,而是与知名创投基金合作设立子基金,并积极引入国外投资机构,与投资者"共担风险、不共享利益",投资者5年内享有可以优惠价格买断政府份额的权利,因而吸引了大量社会资本向创业创新领域投资,基金管理规模十年增长40倍,其投资的创业企业实现IPO上市或被兼并收购的比例高达56%。四是孵化项目成功率高。以色列从1991年开始实施"技术孵化器计划",政府对孵化器项目提供85%的经费支持,规定入孵项目必须属高科技创新领域,必须具有独立知识产权,必须在以色列生产并可供出口,必须在2年内完成孵化。每个孵化器都严格筛选孵化项目,为在孵企业提供基础设施、研发设施、市场营销等服务。目前,全国24个孵化器每年入孵项目约200个,孵化成功率高达51%。

二、芬兰推进双创的经验

芬兰人口仅500万人,但信息技术产业全球领先,是因特网接入比例和人均手机持有量最高的国家,拥有诺基亚、通力(全球电梯行业龙头)以及研发出"愤怒的小鸟"的Rovio、研发出"部落战争"的Supercell等著名网络游戏公司。尽管诺基亚已经退出手机市场,但其衍生了400多家创新企业,成为孕育创新企业的"母体"。据最新的《全球竞争力报告(2014—2015)》,芬兰的创新能力位居全球第一。究其原因,一是抓住重点,选准方向。芬兰没有广泛涉足所有高新科技领域,而是集中发展能够带动国民经济整体增长的重点领域,如电子通信、现代生物技术等高技术领域。二是立足企业建设创新体系。芬兰的国家创新体系立足于扶持企业和产业结构调整需要,以产学研合作为重点,实现教育和政府研发投入、企业技术创新、风险投资和企业出口等内容的有机结合。三是大力支持中小企业创新。政府每年投入的6亿欧元创新资金的60%用于支持中小企业,重点支持成立不到5年、员工小于50人的初创型企业,分阶段最高给予125万欧元的直接资助和低息无抵押贷款。对大企业的发展和实验项目,政府提供25%~35%的项目预算,但要求大企业必须通过购买服务、联合研发等形式与中小企业或研究机构合作。设立"走出去"项目,通过政府的国际合作网络为中小企业提供融资、市场拓展等服务。

三、美国硅谷推进双创的经验

硅谷是全球的创新中心,苹果、谷歌、惠普、Face-book、特斯拉等国际知名高科技企业均诞生于硅谷。目前,硅谷每年新诞生约1.7万家创业公司。硅谷成功的关键奥秘在于:一是一流大学的培育。硅谷拥有斯坦福、加州大学伯克利分校等一批世界知名高校。一流的大学培养了一流的人才,一流的人才创立了一流的公司。硅谷的很多公司即由大学的师生所创立,超六成的企业源自斯坦福大学科研团队。二是政府大力度支持。通过政府采购、专项资金扶持,给硅谷企业在初创期给予全面的扶持,1955年至1963年硅谷半导体产业35%~40%的营业额来自政府采购,1993年到2004年,硅谷获得了136亿美元以上的联邦研发经费。三是风险投资助推。硅谷集聚了1000多家风投机构,风投资金规模占全美的1/3。硅谷许多风险投资人、创业投资基金的管理人都是工程师出身,对技术的创造性、知识的前瞻性和产品的市场前景有良好的判断力。硅谷风投机构还为创业企业提供市场营销、法律等增值服务。四是独特的创新文化氛围。美国鼓励个人发展、崇尚冒险的价值理念在硅谷得到进一步的强化。人们不惧怕失败,也不讥笑失利者,看重的是不达目的不罢休的进取精神。另外,优越的自然环境和有利于下一代成长的环境,也是硅谷吸引人才的重要因素。

四、美国匹兹堡推进双创的经验

匹兹堡是城市和产业成功转型的典范。曾有"世界钢都"之称的匹兹堡自20世纪80年代以来,成功地从衰落的传统钢铁工业基地转型成为以创新驱动发展的现代城市,从单纯依靠重工业转变为以高新技术、医疗保健、教育和金融服务业为主。究其原因,一是确立转型发展战略。20世纪80年代,重工业经济出现衰落之时,市政府就及时转变发展思路,制定了经济多元化战略,大力发展以生物、计算机为主的高科技产业。匹兹堡市政府专门设立创新和绩效局,制定城市包容创新路线图,启动政府数据开放,鼓励全民参与创新,推进清洁技术等六大领域的100多个项目。二是激发高校创新活力。大学是匹兹堡成功转型的"芯片"。匹兹堡拥有匹兹堡大学、卡内基梅隆大学等知名大学。卡内基梅隆大学拥有全美第一的计算机科学、机器人专业,通过技术转让政策,设立融合创新院、创新与企业家精神中心等机构,推动高校师生创业创新,衍生出来的创业企业已超300家。目前30多家机器人智能技术公司落户匹兹堡,使其成为美国主要的机器人技术创新中心。三是鼓励产学研合作。匹兹堡市规划建设了重点创新区等创新平台。在重点创新区内,政府鼓励企业与高校组成联合体,在生命科学、信息技术、超材料等重点领域开展研发合作,对企业给予税收减免优惠、为高校提供研发资金补助。匹兹堡大学每年从美国卫生研究院获得4亿美元的研发经费,用于支持生物医药领域的创业创新。

第三章

双创园区发展视角（二）
——武进高新区科技服务业发展研究

武进国家高新技术产业开发区经过多年发展已经形成了五大特色产业：以机器人为引领的智能装备制造产业，以太阳能光伏和半导体照明为标志的绿色低碳产业，以新一代信息技术和互联网为特征的电子信息产业，以新能源汽车、轨道交通、通用航空、游艇为重点的新型交通产业，以检验检测为主题的生产性服务业。围绕五大特色产业，在研发服务、创业孵化、科技金融、技术转移、检验检测、知识产权等科技服务业领域已经具备了良好的基础。如何打造立足常州、辐射江苏、放眼全国的科技服务业高地，建成省内引领、国内示范、国际知名的科技服务业区域，已经成为园区深度推进供给侧改革、加快现有产业转型升级、发掘区域发展新动能的关键。

第一节 武进高新区现状及对科技服务业的需求分析

一、产业发展现状与特点

武进国家高新技术产业开发区多年来坚持走"高科技、外向型、可持续"的园区开发之路，综合实力不断攀升，目前已经形成智能装备、绿色低碳、电子信息、新型交通、生产性服务业五大特色产业。

1. 以机器人为引领的智能装备制造产业

围绕智能数控机床、智能轨道交通装备、汽车及关键零部件、农机及工程机械、工业机器人、智能纺机六大产品群和与之相关的上下游产业链，在多个产业细分领域集聚了一大批技术领先、特色鲜明、实力雄厚、产业关联度高的国内外优秀企业,形成了从整机到关键零部件研发、设计、制造较为完整的配套体系。园区龙头企业行业地位突出,如德资企业卡尔迈耶的经编机全球市场占有率第一,本土企业龙城精锻是全球最大的汽车发电机爪极供应商,本土上市企业恒立油缸已发展成全球最大的挖掘机油缸生产企业。2016年武进国家高新区高端装备制造产业完成规模以上产值656.09亿元。

2. 以太阳能光伏和半导体照明为标志的绿色低碳产业

以半导体照明为标志的节能环保产业,依托国家半导体照明工程高新技术产业化基地、国家半导体照明产品质量监督检验中心、半导体照明联合创新国家重点实验室(常州基地)等一批重要平台,以及光宝光电、晶品光电、激蓝光电、欧米格光电等行业骨干企业,以打造具有全球竞争力的光电产业基地为目标,形成了从外延芯片、封装、显示、背光源到照明应用的一条完整的产业链。光宝集团是国际级光电零组件与电子产品制造领先企业,在武进国家高新区的公司主要从事LED产品的封装及照明应用产品的生产。台资企业晶品光电是世界知名的LED外延片和芯片制造企业,主要从事超高亮度LED外延片及芯片的研发与生产,外延片产能全球第一,也是世界最大的四元LED生产商。在新能源产业上,大力引进太阳能、洁净煤、"智能电网"等清洁能源,推动新能源与环保产业成为新一轮经济发展的战略先导性产业和未来经济发展的支柱产业。2014年,节能环保产业实现产值68.12亿元。

3. 以新一代信息技术和互联网为特征的电子信息产业

围绕新一代信息技术,依托已有产业基础,加大引进集聚现代家电及数字终端、新型电子元器件、半导体照明三大优势产品群,引进了一批掌握核心技术的龙头企业,打造了在全国乃至全球具有重要地位的新型电子元器件基地,被江苏省经济和信息化委员会认定为江苏省新型工业化示范基地。2015年1月,由武进国家高新区和常州科教城共同申报的武进软件园,被科技部认定为国家火炬计划软件产业基地。本土上市企业瑞声科技是享誉全球的微型电声器件国际知名企业,移动通信用的微型电声器件类产品市场占有率国内第一、全球第二;台湾光宝科技公司是全球最大的电源转换器供应商,年产值50亿元;安费诺连接器(常州)有限公司是全球最大的连接系统生产商安费诺集团的子公司,也是世界500强企业之一。2016年,电子信息产业实现产值334.39亿元。同时,重点发展新能源及环保产业、医疗器械及康复器材等潜导产业,推进产业规模化、集群化。

4. 以新能源汽车、轨道交通、通用航空、游艇为重点的新型交通产业

围绕新能源汽车,引进了北汽新能源产业基地项目,总投资100亿元,项目致力于新能源汽车的研发、制造,已掌握了国内领先的整车系统集成匹配、整车控制系统、电驱动系统等关键技术,公司还通过合资合作,组建了电池公司、电机公司,是国内拥有电池、电机、电控三大核心技术的新能源车企之一,2014年在国内新能源纯电动乘用车领域排名第一,一期投资15亿元,将年产5万台新能源汽车。面向汽车电驱动系统,促成了西门子与北汽集团合作于2015年1月成立了北京西门子汽车电驱动系统(常州)有限公司,致力于新能源汽车高效电驱动动力总成的研发和生产,项目一期建设规模7 000平方米,二期建设规模11 000平方米。在轨道交通产业方面,以新誉集团、今创集团等企业为龙头的产业集群已经初步形成。航空产业则依托即将规划建设的通用机场,全力拓展飞机组装、改造,航空培训、服务等上下游产业。

5. 以检验检测为主题的生产性服务业

以津通国际工业园为龙头和载体的现代服务业集聚区已经基本形成,目前津通国际工业园已经成为苏南地区规模最大、设施最完备、综合增值服务最全面的园区。在设计服务方面,武进工业设计园集聚了一批工业设计企业,已经成为串联工业设计产业链的上下游,成为提供高端增值服务的现代服务业聚集区。园区已经发展形成三个基地,即工业设计服务外包基地、新型产业孵化基地和原创产品研发基地,打造了交易服务、金融服务、成果转化、人才引进及培训服务、共性技术研发、品牌推广等六大平台,目前已发展成集产品设计研发、模具制作、理论研究、教育培训、产品展示、市场推广等为一体的工业设计产业园区。以常州市测试技术研究院等机构为代表的检验检测服务机构、以佰腾科技为代表的知识产权服务机构、以常州技术产权交易中心有限公司为代表的科技中介服务机构实现了初步集聚。

二、产业发展前景

根据《武进高新区"十三五"规划》要求,以"绿色、智能、制造"为主线,依托智能装备、绿色低碳、电子信息等优势产业和龙头企业,通过人才和创新创意要素的引入,整合优质资源,实现五大特色产业的提升。

智能装备。以"工业4.0"为标杆,大力发展工业机器人及其核心部件、消费/服务业机器人、数控装备及功能部件制造等重点方向,打造全国重要的智能装备制造产业基地。

节能环保。依托国家半导体照明高技术产业化基地,坚持全产业链发展,狠抓核心技术研发和产品应用推广,促进区内LED产业链的高技术化、精密化、规模化和应用化发展。

电子信息。抓住智能移动设备、智能硬件和物联网的发展机遇,培育和发展一批具有国际竞争力的新型电子元器件高新技术龙头企业,打造我国新型电子元器件高新技术产业的重要示范基地。

新型交通。围绕北汽新能源汽车项目落户,建设汽车整车制造产业城,提升新能源汽车产业的集群规模。依托园区轨道牵引先进技术,形成以城际列车整车车辆修造为主的轨道交通产业的特色优势。以前黄通用机场建设为契机,重点发展飞机零部件产业,全力拓展飞机组装、改造及航空培训等上下游产业,建设通用航空产业园。

生产性服务业。积极推进科技研发、物流信息化、外经贸企业等现代服务业集聚平台建设。重点打造武进工业设计园、津通国际工业园等载体,提升自主创新能力。加快武南物流园信息平台、中小商贸物流服务平台、生产资料物流服务平台建设,增强物流信息化程度。

三、科技服务需求分析

特色产业生态体系建立与完善亟须配套创业孵化服务。智能装备、绿色低碳、电子信息、新型交通、生产性服务五大特色产业生态体系的建立需要围绕现有产业基础不断延展和完善产业链。孵化和培育新创企业作为完善产业生态体系的重要手段,在试点园区的发展中日益重要,完善的创业孵化服务能够提高初创期企业的存活率,加快成长期企业的快速发展。打造试点园区特色产业生态体系亟须配套面向五大特色产业的专业型创业孵化服务,建设"苗圃—孵化器—加速器—产业基地"科技创业孵化链条,形成从项目初创到产业化发展一体化创业孵化服务体系。

特色产业的创新发展与提升需要研发服务。在智能装备、绿色低碳、电子信息、新型交通、生产性服务业五大特色产业的发展过程中，很多企业都会面临关键技术难题需要突破的问题，而同时企业受到运营成本的制约无法引进尖端科研人才和购买高端设备，这就需要支持高校、科研院所整合科研资源，建设开放共享的公共创新平台，面向市场提供专业化的研发服务，需要引进或培育一批社会化投资、专业化服务的第三方研发机构。

特色产业的突破与快速发展离不开科技金融服务。五大特色产业的突破与快速发展需要技术与资本、商业模式与资本的对接，初创企业的起步需要种子基金、天使基金，成长企业的加速发展需要风险投资、股权融资。新技术的快速产业化、新产品的快速市场化、优质项目的快速落地都需要金融服务的助推。服务与特色产业的突破与快速发展，需要构建集天使投资、创业投资、私募股权投资、政府引导基金、融资担保、小额贷款、融资顾问、改制上市辅导、项目对接、上市路演、专业培训及行业论坛等多种金融服务为一体的服务体系。

第二节　园区科技服务业发展现状

武进高新区按照"经科教联动、产学研结合、校所企共赢"的理念，集聚创新资源、孵化创新企业、引育创新人才、汇聚创新资本、优化创新环境，奋力打造研发创新、人才集聚的成果高地和新兴产业高地。

一、研发服务现状

武进国家高新区探索建立集成政府公益和市场化，面向企业开展联合研发、委托研发、设计、中试、检测等服务的资源开放模式的平台，以满足企业产业优化升级、技术创新及产学研协同创新需求。

智能装备制造产业领域研发服务现状。武进国家高新区紧紧围绕重大项目，做大做强机器人及智能装备(智能工程机械产品群、智能轨道交通装备产品群、智能纺织机械产品群、数控设备及基础装备产品群、新型农业装备产品群等)、风力发电装备、车辆及配件等产业优势产品群，进一步拉长、增粗产业链，加大规模企业培育力度，提高上下游产业衔接配套水平，打造优势产业集群。高新区范围内引进多家智能装备制造技术研究院,如江苏中科院智能科学技术应用研究院、中国科学院常州先进制造技术研究所、常州西南交通大学轨道交通研究院等;围绕机器人及智能制造技术、光电传感技术、绿色制造技术、新材料技术、仿真机控制技术、轨道交通技术,集聚全球高端创新技术人才和产业资源,致力于打造国家级机器人及智能装备产业技术创新基地。

绿色低碳产业领域研发服务现状。武进国家高新区推进节能环保,大力引进太阳能、洁净煤和"智能电网"等清洁能源。重点发展光伏产业和新型环保产业,壮大产业规模和优化产业布局,推动新能源与环保产业成为新一轮经济发展的战略先导性产业和未来经济发展的支柱产业。常州市新型环保功能材料公共技术服务平台主要为推进新型环保功能材料的应用,开发及推广一系列性能优、附加值高的新产品,推动新型环保功能材料等技术的开发及产业化,带动行业发展。通过推广新型环保功能材料生产技术和应用技术,促进新型研究开发、产品系列化生产和应用服务的进步,增强常武地区相关生产企业的创新能力。平台建设项目的实施重点是新产品、新技术的开发以及核心技术的转让。通过研发以及技术的转让使企业完全具有自主能力,并与企业建设联合研究机构,共同开发,不断保证技术的先进性和领先,使企业保持健康发展。目前,平台主要研究方向为新型辐射固化材料技术的研究、新型环保型涂料的研究、新型功能性高分子材料的研究。目前,通过该项目已为常州强力电子新材料有限公司、江苏省龙城精锻有限公司等9家企业提供技术服务,签订技术协议/合同10项,合同额1 760万元。

电子信息产业领域研发服务现状。武进国家高新区依托产业基础,加大投资集聚,做大做强半导体照明、现代家电及数字终端、新型电子元器件三大优势产品群,着力引进一批掌握核心技术的龙头企业,进一步完善产业链,强化核心竞争优势,提升产业能级。常州市武进区半导体照明应用技术研究院是半导体照明联合创新国家重点实验室常州基地的依托实体,实验室由科技部2012年批复成立,依托半导体照明产业技术创新战略联盟,研发方向涉及智能控制、封装及可靠性、创新应用三大领域,整合半导体照明国内外优势创新资源,建立联合、开放、可持续发展的公共技术研发实体,推动产学研协同创新,把武进高新区打造成国家经济转型升级期科技创新驱动的典范。

二、创业孵化服务现状

武进国家高新区不断推进科技服务体系建设,整合各类科技要素,科技服务体系建设不断完善。大力建设以现代化高标准厂房为主体,集科研孵化中心、制造生产中心和现代服务中心为一体,以花园式社区为环境特征的智能化管理的新型高新技术产业园区。高新区系统规划大学科技园、孵化器、众创空间等创业孵化服务机构的发展,面向处于初创期的科技型企业,提供全方位、多种形式及个性化的专业孵化、创业指导、公共信息服务及创业融资服务,以满足企业全方位、多层次、个性化创业服务需求。

经过多年的发展积累,高新区科技企业孵化器建设已初步形成了自己的特色并呈现多种形态。截至目前,高新区拥有各级各类科技企业孵化器13家,其中国家级4家、省级6家、加速器1家。累计孵化场地面积达27.5万平方米,在孵企业281家。此外,高新区内已建有青武·创客空间、N^3创意工坊、信息产业园创客空间、蓝光空间等综合及专业型众创空间。

三、科技金融服务现状

自2012年成功获批江苏省首批科技金融合作创新示范区以来,武进国家高新区根据《江苏省促进科技和金融结合试点实施方案》要求,坚持以科学发展观为指导,抢抓苏南自主创新示范区建设机遇,围绕建设"科技金融合作创新示范区"总体目标,充分发挥民营科技企业众多、民间资本充裕的优势,以政策支持和金融创新为突破,通过引进和培育一批领军型科技创业人才、转化一批驻区高校和重点科研机构的自主创新项目、聚集一批创业投资机构和创业投资专家、发展一批自主创新的骨干企业和上市企业,开创了园区科技创新创业与金融资本携手共赢的良好局面,在建设政府资金引导、民资外资规范参与、科技与金融紧密结合、股权融资与债权融资同步放大、科技担保与风险补偿相互支持的新型科技金融服务体系方面取得了一定的进展。园区集聚了包括常州市首家科技小额贷款公司、科技支行在内的银行、担保公司、融资租赁机构、律师事务所、会计师事务所、证券公司投行部、股权产权交易所,以及无形资产评估事务所和投资管理咨询公司等其他优秀金融机构。目前,已有各类科技银行3家、小额贷款公司2家、证券公司投行部6家、担保公司6家(政府担保公司1家)、交易所2家、融资租赁机构2家、中介机构80家。

四、技术转移服务现状

武进国家高新区依托常州市武进区科技成果转移中心,"天天5·18"综合科技服务平台,南京大学、东南大学、北京化工大学、大连理工大学、西南交通大学等11所著名高校与地方设立的研究院和技术转移分中心的科技创新资源优势,有效促进高新技术成果在园区落地转化。园区通过培养和外聘两种形式,大力扩充科技经纪人,培养了一支能够挖掘企业需求,帮助企业与国内外重点高校及科研机构寻找适合的科技成果,并能引导落地孵化的技术转移服务队伍。2012年至2015年,共计30多家企业与区外20多家高校科研机构签订技术合作项目51个,金额达5 049万元。

园区依托常州艾斯伊斯国际技术转移中心有限公司、江苏中德创新中心和牛津大学常州ISIS国际技术转移中心等6家国际技术转移载体,与国外建立了有效的国际技术转移渠道,实现了国际先进技术的转移落地,2012年至2015年共引进美国、德国、俄罗斯、以色列等国家先进技术成果80多项,孵化创新型企业7家。武进国家高新区通过构建一大批技术转移载体,初步形成了一个线上线下、场内场外有机互动的科技成果转移服务体系。

五、检验检测服务现状

武进国家高新区将检验检测服务定位为高技术、生产性、科技型服务,围绕园区三大主导产业,不断加快发展第三方检验检测认证服务,鼓励不同所有制检验检测认证机构平等参与市场竞争;不断加强计量、检测技术、检测装备研发等基础能力建设,发展面向设计开发、生产制造、售后服务全过程的分析、测试、计量、检验等服务;建设了常州市测试技术研究院等一批国家产业计量测试中心,不断完善检验检测认证服务体系;不断加强先进重大装备、电子信息、半导体照明等领域的第三方检验检测服务;不断优化资源配置,引导检验检测认证机构集聚发展;培育了一批技术能力强、服务水平高、规模效益好、具有一定国际影响力的检验检测认证机构。按照综合性与特色型检测互补共存的发展思想,高新区成立了常州市测试技术研究院和国家半导体照明产品质量监督检验中心。常州市计量测试技术研究院为综合性检验检测服务机构,拥有省中心2个、国家型实验室1个,建有江苏省中小企业流量计量检测公共技术服务平台,已与中国计量科学院建立战略合作关系。国家半导体照明产品质量监督检验中心主要从事灯具、电器附件、半导体照明等产品检测与技术服务,建有灯具光度分布性能、灯具配件、紫外辐射、电光源、环境、电磁兼容、安全等实验室,是一家专业型检测服务机构。武进国家高新区目前正在加紧研究制定有关检验检测服务配套政策,以释放市场活力,促进检验检测服务业健康发展。

六、知识产权服务现状

武进国家高新区采取"政府出资、企业应用"模式,围绕高新区"智能装备制造、电子信息、新能源及节能环保"三大主导产业,建立了产业专利信息库,构建了聚合专利、商标和版权信息为一体的知识产权信息库和网络平台。通过制定措施,吸引优秀的专利、商标代理机构,律师事务所,技术转让等知识产权中介服务机构进驻高新区,基本形成了"布局合理、优势互补、功能完善"的知识产权中介服务体系。

武进高新区不断加强产业知识产权预警分析,通过深化与江苏省产业知识产权公共技术服务中心、常州佰腾科技有限公司等单位的合作,共建高新区专利预警分析平台,提供专利信息分析、产业预警分析和知识产权侵权风险分析,为产业发展提供了知识产权支撑。同时围绕园区产业发展方向,开展国内外专利信息预警分析,提供知识产权风险规避策略和建议,规避知识产权侵权风险。通过开展高新区内企业知识产权保护咨询,接收受理知识产权纠纷,查处区内违反知识产权的行为,指导企业开展知识产权保护,不间断开展知识产权援助,为高新区重大研发、经贸、投资和技术转移活动组织提供了知识产权分析论证和知识产权预警,推进了知识产权保护环境建设。

第三节 园区科技服务业发展主要任务

研发服务发展任务。以技术支持、产学研合作研发、研发外包、核心技术人才引进等服务手段,充分发挥现有的中科院系统、国内知名高校和区内规模企业在高新区范围内设立的技术研发机构的人才、技术、设备等优势,促进企业和产业的技术进步,提升核心竞争力。计划3~5年内,促成高新区科技企业申请国家发明专利2 000件以上;30%以上的科技企业完成新产品研发,凭借技术优势在国际国内市场具有核心竞争力。

科技金融服务发展任务。以满足科技企业资金合理需求和优秀项目为重点,促进天使基金、创投资金、风投资金和银行贷款以及担保机构积极参与金融服务。设立3 000万元的天使投资基金,吸引民营资本参与,面向孵化器和众创空间的初创期科技企业或科技项目提供科技金融支撑服务。计划3~5年内,累计引进基金规模80亿元,年促成投融资项目金额10亿元。

孵化载体发展任务。以高新区现有孵化器、众创空间、创业苗圃、加速器(共20家)为基础,加强创业导师队伍建设,优化现有公共技术服务平台与实验室,鼓励孵化器经营实体充分利用天使基金和创投资金以及孵化器高管人员对园区内的优秀科技项目实行股权投资,以更高层级上的增值服务为抓手,加速培育一批高新技术科技企业,在高新区范围内尽快形成新兴产业集群。计划3~5年内,累计辅导服务机构和科技企业申报国家、省、市级科技计划项目100项,培育高新技术企业50家,累计服务企业1 000家次以上,科技服务年收入超过2亿元。

人才培引发展任务。立足孵化载体,由创业导师和知名企业家,对已经落户和将要落户的海归领军型人才和龙城英才项目的人才或团队进行培训、引导。以创业文化、政策与人文环境、企业管理技能、市场拓展与产品营销为主要内容,以定期或不定期培训班、企业家沙龙、下午茶、座谈会等为主要形式,每年举办各类技术服务、金融服务、创业导师服务等论坛活动及技术转移、产权交易、资本运行等培训活动超过50场次以上,培训专业人员2 000人次,促使科技企业快速成长,培养形成一支高素质科技企业家队伍。计划3~5年内,累计引进国家"千人计划"项目3~5个、"省双创人才"项目10个、"龙城英才"项目150个以上。

知识产权发展任务。整合试点区域内的中国(常州)知识产权维权援助中心、知识产权服务商、专利事务所、法律服务中心、会计师事务所、技术产权交易市场等知识产权专业机构,为企业提供知识产权的各类咨询、代理、维权援助、预警、战略分析等专业服务。在已经出台的高新区财政补贴相关政策的基础上,研究拟定更大力度的支持政策。

国际技术转移发展任务。依托常州艾斯伊斯国际技术转移中心有限公司等国际技术转移的载体,建立有效的国际技术转移渠道,实现国际先进技术的引进落地。

科技成果转化发展任务。组织实施科技成果产业化服务试点,探索企业主导的产学研用的服务与合作的新模式;构建线上线下、场内场外、有机互动的科技成果转化服务平台,建设全链条、多要素、网络化的科技成果转化服务体系;探索建立能够挖掘企业需求,帮助企业寻找适合的科技成果并能引导落地、转化为现实生产的科技经纪人队伍,实现科技成果转化及产业化服务的规范化、市场化。

第四节 园区科技服务业发展路径分析

一、重点完善创业孵化服务路径

重点打造武南创智天地,以西湖路 1 号地块为中心,方圆 10 平方千米,囊括常州科教城区域,既是众创集聚区,又是孵化集聚区。同时,组建管理机构、服务机构——武进国家高新技术产业开发区众创服务中心,增挂"苏中南国家自主创新示范区武进国家高新区建设促进服务中心"和"武进国家高新区创投服务中心",实行三中心合一的运行模式。中心总面积 2 万平方米,将建成集研发、金融、人才、法律、知识产权、项目孵化等为一体的综合服务中心。

围绕五大特色产业,构建一批低成本、便利化、全要素、开放式的众创空间。进一步推进政府自建、政企共建和企业自建等众创空间发展模式。支持奇点 3D 创客空间、青武·创客空间、N^3 创意工坊、紫丁香机器等众创空间建设。支持各类众创空间之间的合作联动与资源开放共享,实现创新与创业相结合、线上与线下相结合、孵化与投资相结合,为广大创新创业者提供良好的工作空间、网络空间、社交空间和资源共享空间。加快江苏省众创空间集聚区建设,争创一批在全国有一定知名度的众创空间。

完善新型孵化生态链建设。构建以专业孵化器和创新型孵化器为重点、综合孵化器为支撑的创业孵化生态体系,建立基地科技孵化器综合业务服务与管理平台。进一步提升和完善常州市武进科创孵化园、江苏津通信息技术孵化器、常州科教城国际创新基地孵化器等国家级、省级科技孵化器的功能,引导企业、社会资本参与投资建设孵化器,促进天使投资与创业孵化紧密结合,推广"孵化+创投"等孵化模式,积极探索基于互联网的新型孵化方式,提升孵化器专业服务能力,完善"苗圃—孵化器—加速器—科技园区"科技创业孵化链条。

二、主要提升研发设计及其服务路径

鼓励研发类企业专业化发展,培育集聚一批社会化投资、专业化服务的第三方研发机构,促进专业研发设计服务机构发展壮大,形成研发服务集群。鼓励中科院、大连理工大学等高校、科研院所面向智能装备、绿色低碳、电子信息、新型交通、生产性服务业五大特色产业整合科研资源,建设开放共享的公共创新平台,面向市场提供专业化的研发服务。积极探索政府引导、全社会参与、市场化运行的投入机制,面向产业发展需求加快推进长三角绿色智能制造研究院等产业研究院建设,以应用开发与市场集成为基点,突出问题导向和需求导向,集聚一批研发、中试、检测等公共服务机构,为企业发展提供科技服务。积极探索科研设施和仪器设备开放运行机制,引导大型科学仪器中心、分析测试中心等向社会开放服务。

三、大力发展科技金融服务路径

完善"政府、银行、担保、保险、创投"五位一体的科技与金融融合的机制,根据不同需求,推出与企业转型、创新相贴合的"科贷通""税融通""创业通""投贷通"等科技金融创新产品,将中小企业,尤其是创新创业、具有高技术含量的中小企业作为科技金融服务的首要目标,开辟科技金融绿色通道,优化科技金融服务。鼓励金融机构在科技金融服务的组织体系、金融产品和服务机制方面进行创新,建立融资风险与收益相匹配的激励机制,开展科技保险、科技担保、知识产权质押等科技金融服务。开展知识产权评估、质押融资,鼓励融资性担保机构为知识产权质押融资提供担保,拓宽科技型中小企业融资渠道。支持天使投资、创业投资等股权投资对科技企业进行投资和增值服务,探索投贷结合的融资模式。利用互联网金融平台服务科技创新,完善投融资担保机制,破解科技型中小微企业融资难问题。

适时成立园区科技金融服务中心。打造以物理平台为载体,以信息平台为延伸,以"园区企业"数据库为核心,集天使投资、创业投资、私募股权投资、政府引导基金、融资担保、小额贷款、融资顾问、改制上市辅导、项目对接、上市路演、专业培训及行业论坛等多种金融服务为一体的服务体系。通过整合政府部门、金融机构、中介机构等多方优势资源,探索以金融服务创新推动科技创新的新路径,帮助中小企业破解融资难题,扶持企业快速成长,实现打造具有武进高新区特色的科技金融服务品牌。

四、着力构建服务体系路径

实现科技服务的"四化""一式",即"体系完整化、运行市场化、服务平台化、内容阶段化"和"一站式服务模式"。

体系完整化。围绕科技企业(项目)技术、资金、管理、市场拓展等成长要素,以构建五大服务功能为主要目标,实现科技服务细分领域的专业化服务模式。

① 研发服务平台:高新区范围内各大高校、科研院所设置的研究院、研究所、工程中心、检测中心;各规模企业建立的研究院所、工程中心;各孵化器拥有的公共技术服务平台。

② 金融服务平台:高新区范围内的创业投资基金、创投公司、创投管理公司;各商业银行及其分支机构;担保公司。

③ 孵化加速服务平台:高新区范围内的创业导师队伍、孵化器管理运行团队;各种形式的企业家沙龙、下午茶、咖啡吧、专题讲座、论坛;法律事务服务机构;为创新创业企业发展提供咨询指导的咨询服务机构;完整的"众创空间(创业苗圃)—孵化器—加速器—产业园"创新创业孵化载体;各电子商务企业、云数据、物流网;与阿里、京东、腾讯等国际国内知名互联网商务机构合作或者共建的市场化平台;与世界知名工业企业、全球采购代理企业建立的采购与销售平台。

④ 知识产权服务平台:高新区范围内的专利代理服务机构。

⑤ 科技成果转化与国际技术转移服务平台:技术交易市场、资产评估机构、会计师事务所、技术转移中心、生产力促进中心等相关机构。

运行市场化。坚持"政府主导、社会参与、市场化运行"的良性发展运行模式,充分发挥市场配置资源的基础性作用,引导社会多元化资源参与建设和经营,保证科技服务产业化体系可持续生存与发展,实现合作共赢的目标。

服务平台化。在现有扶持科技服务业发展政策的基础上,研究出台更大力度的相关政策,鼓励与支持科技服务实体与创新创业企业之间按照"公平、公开、公正"的市场原则达成供求关系。

内容阶段化。按照创新创业企业初创期、成长期、加速期三个阶段,制定不同阶段、不同特点和不同需求的科技服务内容及阶段化服务预案。对初创期企业以技术研发、资金需求、团队构成、知识产权等服务需求为主要服务方向。对成长期企业以市场拓展、中小规模生产资金需求、企业发展规划、团队优化等服务需求为主要服务方向。对加速期企业以市场扩张、公司法人治理结构、知识产权保护、产品升级、新产品研发、股权融资、资本运行等服务需求为主要服务方向。创新创业科技企业的初创期又可细分为技术孵化、项目孵化与企业孵化三个阶段。技术孵化阶段服务的关键点是:技术前景的判别、应用开发方向的确定、资金投入的风险控制、目标与进度的控制。项目孵化阶段服务的关键点是:项目价值评估、生产制造模式创新、市场开发方向确定、项目可行性研究。企业孵化阶段服务的关键点是:融资、市场资源整合、商业模式研究、经营架构和团队组建、生产能力形成。通过提供全面的阶段化服务解决方案,加快招引、孵化、育成一批高科技、高成长、高效益的创新型科技企业,促进产业发展,从而形成拥有自主创新能力的科技企业集群。

一站式服务模式。武进国家高新区众创服务中心实行"一站式"服务,企业所需科技服务以科技服务热线电话、科技服务网络、微信群、QQ群等方式汇集到服务中心,由专人跟踪对接,协调解决服务项目中可能出现的问题,并撰写服务项目结项报告,在科技服务信息电子平台形成存档。"一站式"创新服务模式将每一项科技服务项目落到实处,责任落实到具体人,形成数字化、信息化、系统化的科技服务资讯积累。

五、积极开展改革试点推进路径

积极开展创新创业政策的先行先试。按照苏南国家自主创新示范区建设要求,积极落实好向全国推广的中关村6条政策,主要包括科研项目经费管理改革、非上市中小企业通过股份转让代办系统进行股权融资、扩大税前加计扣除的研发费用范围、股权和分红激励、职工教育经费税前扣除、科技成果使用处置和收益管理改革。

积极探索科技服务业的运营管理模式。大力推进行政体制改革,改革完善管理体制、运行机制、绩效考核等体制机制,构建目标导向明确、功能定位清晰、具有基地特色的创新创业管理机制。以效能优先、运转高效为目标,完善产业管理办公室的职能。加快行政审批管理制度改革,打通审批服务绿色通道,优化行政审批服务流程,提高行政服务效能。积极引导民间力量进入创新创业服务产业,着力构建以政府为引导、以市场为主体的创新创业服务体系。通过政府补贴或购买服务的方式,引导研发服务、咨询服务、融资服务、知识产权、技术交易等园区机构为企业提供高端的服务。

第五节 组织与保障

一、加强组织领导

科技服务建设工作由武进高新区科技局统筹推进,根据本实施方案,研究制定相关政策,明确工作部署,有序推进各项工作。整合区域内创新创业资源,充分发挥政府在战略规划、政策法规、标准规范和监督指导等方面的作用,为科技服务业集聚区的发展保驾护航。

二、加大政策扶持

加大高新区财政对科技服务建设的投入力度。指导高新区创新创业团队和个人争取国家、省、市有关科技、人才、产业等项目扶持,鼓励创客参加国家、省各类科技创业大赛,对获奖的企业及创业团队技术研发项目,予以相匹配的奖励支持。

三、加快政府职能转变

充分发挥市场配置创新创业资源的决定性作用,坚持市场选择大众创新创业的方向和路径。不断夯实创新创业基础设施,提高政府公共服务水平。对初创企业的扶持方式从选拔式、分配式支持向普惠式、引领式转变。发挥财政资金撬动社会资本的杠杆作用,以政府对创新创业的"小投入"吸引社会资本的"大投入",形成市场化的创新资源配置格局。

第四章

双创示范基地视角
——武进国家创新创业示范基地发展研究

全球新一轮科技革命和产业变革正在孕育兴起,"工业4.0""工业互联网"等国际战略已经提出,"中国制造2025""一带一路""苏南国家自主创新示范区"等中国系列战略举措正在推进。我国经济发展进入新常态,依靠要素驱动和资源消耗支撑的发展方式难以为继,创新创业已经成为我国经济转型升级的关键动力,十八大报告提出实施"创新驱动发展战略",十八届五中全会进一步提出"必须把创新摆在国家发展全局的核心位置",要"激发创新创业活力,推动大众创业万众创新,释放新需求,创造新供给,推动新技术、新产业、新业态蓬勃发展。"

常州市武进区作为"苏南模式"的发源地,在乡镇企业、民营经济等诸多领域发展开全国先河,2016年武进区完成地区生产总值近2 000亿元,蝉联全国最具投资潜力中小城市百强区第一名,被评为中国综合实力百强区第三名,已经形成了特色鲜明的智能装备、石墨烯新材料、先进轨道交通装备、绿色建筑四大新兴产业基础。

2016年5月,根据《国务院办公厅关于建设大众创业万众创新示范基地的实施意见》,江苏省常州市武进区成为全国首批17个区域示范基地之一。

第一节 武进双创示范区的基础与特色

一、常州市武进区产业发展概况

武进区地处江苏省南部,全区总面积约1 055平方千米,下辖1个国家级高新区、1个国家级出口加工区、2个省级开发区、11个镇、5个街道,是苏南国家自主创新示范区和苏南现代化建设示范区的重要建设节点,是国家产城融合重要试点,是中国与以色列两国政府第一个创新合作实验区,是苏澳合作园区的落户地。

武进区已经形成了初具规模、特色鲜明的石墨烯新材料产业、智能装备产业、健康产业、互联网产业、节能环保产业、轨道交通产业、绿色建筑产业等七大特色产业。2016年,完成地区生产总值近2 000亿元。

二、"双创"特色产业基础扎实

经过多年发展,武进区已经形成了初具规模、特色鲜明的七大特色产业。

1. 石墨烯新材料产业

武进区石墨烯新材料产业创造了10项世界第一和3项国内第一,是国内产业领头羊,受到了党和国家领导人的高度关注,在设备研发、原料制备与应用研究等方面走在全国前列,成立了全球第一家石墨烯新材料研究机构——江南石墨烯研究院,生产了全球首款手机用石墨烯电容触摸屏,投产了年产3万平方米石墨烯透明导电薄膜的生产线,投产了全国首条石墨烯基超级电容器生产线,培育了国内石墨烯行业首家新三板挂牌企业等。集聚了碳元科技、黑玛新型碳材料、盛泰碳纤维、宏泰摩擦、第六元素、二维碳素、天常玻纤、宏发纵横等一大批优秀科技型企业。2014年12月,成功获批为全国唯一的国家石墨烯新材料高新技术产业化基地。

2. 智能装备产业

武进区智能装备产业集聚了安川机器人、铭赛机器人、爱科农机、恒立油缸、阿奇夏米尔、润源经编、卡尔迈耶等智能装备制造业行业的龙头企业。形成了包括整机、核心零部件、单元产品制造和系统集成在内的机器人产业链;形成了包括加工中心、数控龙门镗铣床、数控车床、数控钻床等细分产业的数控产业集聚区;建成了经编机制造国际领先,喷丝板、钢扣、罗拉等纺织部件生产水平国内先进的纺织机械产业高地。智能装备产业链规模以上企业有85家,高新技术企业67家,实现工业产值超过172亿元,拥有"两站三中心"56个。

3. 健康产业

武进区健康产业目前已经集聚了国药集团、达安基因、爱康宜诚、亚邦医药、福隆医疗等国内外知名企业90余家,已经形成了包含生物制药、化学药品、医疗器械、健康服务业等细分领域的健康产业集聚区。围绕健康产业,已经建设了常州现代医疗器械产业研究院、江南健康产业研究院、福隆医疗科技产业园、西太湖医疗产业孵化园、"千人计划"研究院、钱璟康复辅具研究中心、山蓝健康医疗孵化园等双创平台。创成了常州国家医疗器械国际创新园、常州国家医疗器械外贸专型升级示范基地、江苏省国际医疗旅游先行区、苏台(常州)健康产业合作示范区等品牌。2014年,健康产业相关企业实现销售收入95亿元。

4. 互联网产业

武进区互联网产业目前已经集聚了华视网聚、国家智慧旅游公共服务平台、江苏蓝火翼、常州易得利、瑞声科技、光宝科技、安费诺等国内知名互联网企业和公共服务平台1 000多家,形成了电子商务全产业链集聚区、嵌入式软件集聚区、电子元器件集聚区。2014年产值达185亿元,已经创成国家级两化深度融合试验区、国家火炬计划软件产业基地、江苏省电子商务示范基地、江苏省互联网产业园、国家级科技企业孵化器、江苏省现代服务业集聚区等品牌。

5. 节能环保产业

武进区节能环保产业目前形成了蓝宝石"长晶—切磨抛—外延片、芯片—封装—照明运用"的较完整产业链;形成了包括拉棒、铸锭、切片、电池、组件、光伏生产设备、辅材、光伏电网设备、光伏电站在内的光伏产业链。已集聚了台湾晶元光电、光宝科技、日本住友电工、晶能光电、顺风光电等近20家国内外知名企业。通过实施国家科技攻关计划、省科技支撑计划等,培育了星宇车灯、汉莱科技、中晶光电、欧亚蓝宝、国星电器、欧密格光电等一批本土新光源和光伏企业。同时,集聚了半导体照明联合创新国家重点实验室常州基地、南京大学常州高新技术研究院、中科院常州光电技术研究所、中科院常州化学所、国家半导体照明检测中心等一批创新创业平台。节能环保规模以上企业有32家,实现工业产值165亿元。拥有高新技术企业33家、"两站三中心"12个。

6. 轨道交通产业

武进区轨道交通产业目前集聚了以中车集团戚墅堰机车车辆有限公司、今创集团、新誉集团等为龙头的163家企业,基本形成了研发、制造、商务、物流和整车大修等相对完整的轨道交通产业链。产品几乎涵盖了轨道交通车辆装备的车体、转向架、牵引传动、电气控制、辅助设备以及车内装饰等整个系统,品种多达2 500余种。轨道交通牵引传动系统占国内市场份额45%以上,内饰产品市场占有率达65%,内燃机占国内市场份额60%以上,车内辅助电器产品市场占有率全国第一,高速铁路电气化设备也处于国内同行业领先水平。相继被科技部、工信部批准为国家火炬计划轨道交通车辆及部件特色产业基地、国家新型工业化产业示范基地,被省发改委认定为江苏省轨道交通特色产业基地。

7. 绿色建筑产业

武进区绿色建筑产业目前引进和培育了中国香精香料、美国诺森建筑等知名绿色制造企业65家,汇集了圣戈班、中建材等19家绿色科研机构,建成绿建产业会展交易中心、全国首家绿色建筑产业电子商务平台等商贸载体科研机构,成立了绿色建筑技术创新产业联盟,签约总投资270亿元。住房和城乡建设部发函设立了全国第一家"绿色建筑产业集聚示范区",先后获得江苏省生态科技产业园、江苏省建筑产业现代化示范基地等称号,绿建创研中心被列入住建部2014年绿色建筑示范工程项目,初步确立了在全国绿色建筑产业领域"第一""唯一"的地位。

三、双创国际合作特色鲜明

在创新创业方面,武进区与以色列、德国、澳门、芬兰、美国等国家或地区开展了广泛的国际合作。2009年以来,园区与以色列各方面开展广泛合作,2015年由国务院副总理刘延东和以色列外交部长利伯曼共同揭牌了"中国以色列常州创新园"。2012年,国务院总理李克强和欧盟委员会主席巴罗佐于布鲁塞尔共同签署《中欧城镇化伙伴关系共同宣言》,国家发改委在全国筛选12个中德合作项目,中德常州创新园是江苏省唯一入选的项目。2016年10月江苏省政府与澳门特别行政区政府在澳门签订关于联合筹建苏澳合作园区的备忘录,省长石泰峰与澳门特别行政区行政长官崔世安代表双方签字,共同决定在江苏省常州市武进区合作开发建设苏澳合作园区,双方共同将合作园区建设成为苏澳全面深化合作的实践平台、中国与葡语国家合作项目的承接平台、澳门青年在内地创业创新的落地平台、苏澳青年公务员交流学习和提升专业能力的锻炼平台。中芬绿色科技产业园由芬兰 FIAC 投资集团引入了芬兰及北欧等国绿色建筑相关的上、中、下游系列企业,首期总投资 2.13 亿欧元。中美科技产业园是武进国家高新区与普尼集团合作共建的高新科技产业化创业创新园区,实现了中美双方在人才、技术、信息及融资等方面的优势互补。

四、双创载体初具规模

2010 年以来,武进区每年新增标准厂房、研发孵化用房 50 万平方米,目前已拥有各类"双创"载体超过 500 万平方米,建成国家级孵化器 5 家,省级孵化器 18 家,在孵企业超过 800 家。已建有青武·创客空间、N^3 创意工坊等各具特点的众创空间。建成常州半导体照明产业产学研联合创新服务平台等省级重大创新载体 5 个,建成常州铭赛机器人科技有限公司企业院士工作站等院士工作站 16 家,建成新誉集团有限公司博士后工作站等博士后工作站 12 家,建成各类创新公共平台 380 家。

五、扶持政策日益完善

常州市武进双创示范基地的建设发展得到了各级政府的政策支持,为了鼓励创新创业,江苏省、常州市、武进区出台了一系列的政策文件。在平台建设方面出台了《关于发展众创空间推进大众创新创业的实施方案(2015—2020)》(常办发〔2015〕42 号等系列文件);在人才建设方面出台了《关于加快引进和培育领军型创新创业人才的意见》(常发〔2011〕18 号)、《关于全面深化"武进英才计划"加快推进"人才强区"建设的意见》(武委人〔2014〕1 号)等系列文件;在产业发展方面出台了《江苏省新兴产业倍增计划》(苏政发〔2010〕97 号)、《关于推进十大产业链建设加快发展战略性新兴产业的实施意见》(常发〔2013〕25 号);在财政支持方面出台了《关于实施"三位一体"发展战略促进工业企业转型升级专项资金管理办法》(常经信投资〔2014〕220 号、常财工贸〔2014〕50 号)、《加快促进全区工业设计产业发展扶持办法实施细则》(武经信发〔2013〕136 号、武财工贸〔2013〕30 号)等系列文件。示范基地已经初步形成了鼓励创新创业的政策体系。

第二节 武进双创示范基地发展任务研究

武进双创示范基地的发展需要以党的十八届三中全会、四中全会、五中全会精神为指导，深入贯彻习近平总书记系列重要讲话精神，以建设苏南国家自主创新示范区为目标，以打造大众创业万众创新生动局面为导向，深化体制机制改革，加快政府职能转变，完善政策环境，培育创新创业主体，探索形成产业导向明确、产学研用协同推进、国际化深度合作、创投资本多元组合的新兴产业双创新苏南模式。

在双创示范基地发展的过程中需要把握模式引领，突出示范，摆脱传统发展思维与体制惯性，聚焦双创领域的模式创新，要以探索形成可复制、可示范、可推广的新兴产业双创新苏南模式为引领。在双创示范基地发展的过程中需要把握全面创新，统筹布局，以全面创新为指导，以科技创新为核心，尤其注重通过体制机制创新提升创新创业能力；要明确产业方向，整合资源，将全面推进与重点突破相结合。在双创示范基地发展的过程中需要把握政府引导，协同发力，要充分发挥政府在双创起步阶段的引导作用和体制机制设计方面的能动性，同时注重发挥市场力量和社会环境作用，形成政府、市场、社会协同发力共推双创的新局面。

一、双创新苏南模式探索

依托现有发展经验，进一步探索新的路径和方式，基本形成产业特色鲜明，资源高效利用，市场化运作，可借鉴、可复制、可推广的双创新苏南模式。在中以常州创新园、中德常州创新园等现有创新创业国际化合作基础上，探索国际化合作创新创业模式；在常州医疗器械产业研究院、石墨烯研究院等平台建设成功经验的基础上探索"3+X"双创平台共建模式（其中"3"指政府、企业、科研院所3方，"X"指其他社会力量）；进一步总结江苏润源控股集团事业部制组织创新，亚邦药业集团和福隆控股集团进行企业内部创业孵化的成功经验，探索企业内部创业引导模式；以国家产城融合示范园区建设为契机，以西太湖科技产业园、常州科教城、常州经开区为试点，以高附加值产业集聚和高端人才汇集聚为目标，探索产城融合创新创业发展模式；以武进国家高新区、西太湖科技产业园为试点，建立和完善新兴产业办公室，创新新兴产业双创管理的体制机制,探索板块化运作的"一区多园"板块运作模式(其中"一区"指武进国家高新区、西太湖科技产业园等由园区管委会管理的开发区;"多园"指的是由园区管委会下设产业办公室管理的产业园,如西太湖科技产业园区内部的石墨烯产业园、生命健康产业园、互联网产业园,由产业办公室具体负责招商、服务、管理等一体化运作)。

二、双创人才显著聚集

积极推动企业高管、科技人员创业者、海归创业者、大学生等创业人才的快速集聚,新增领军型团队800个以上,新增创新创业人才10 000人、"千人计划"人才80名以上、"龙城英才计划"人才300名以上,精选集聚300名掌握产业核心关键技术、技术成果国际领先并填补国内空白的领军型创新创业人才。

三、双创平台持续完善

进一步完善"创业苗圃+孵化器+加速器+科技产业园"的创业孵化链条,围绕石墨烯新材料产业、智能装备产业、节能环保产业、健康产业、互联网产业、轨道交通产业、绿色建筑产业七大特色产业,吸引一批产业化前景较好的国内外重点高等院校、科研院所的产学研合作项目,重点引进和培育500家高成长性科技型企业。新增孵化科技型创业企业2 000家以上、新增创业孵化器面积150万平方米以上,七大特色产业产值规模达到2 000亿元以上。

四、双创融资环境改善

新增创新创业融资规模80亿元以上,引进科技支行等科技金融机构,支持保险机构开展科技保险产品创新,探索研究科技企业创业保险,为初创期科技企业提供创业风险保障。鼓励推出"科技小贷""科技保险""科技担保"等新型创业金融产品,扩大政府天使投资引导基金规模,强化对创新成果在种子期、初创期的投入,引导社会资本加大投入力度,创新国资创投管理机制,允许符合条件的国有创投企业建立跟投机制,大力发展风险投资,扩大风险投资基金规模。

五、双创文化广泛普及

联合高校院所、投资机构、新型孵化器,针对各类创业主体开展系列创新创业活动累计超过600场。针对大学生和青年创业者,开设创业教育课程、开办创业讲坛、开展大学生与青年创业比赛；针对海归创业者开展海归创业人员本土化培训、海归创业人员创业咨询、海归创客沙龙；面向各类初创人员开展成功创客讲坛，树立创客楷模，扩大成功创客影响效应，形成鼓励创新、宽容失败的创新创业文化。

六、双创国际品牌打造

在中以常州创新园、常州中德创新园、苏澳合作园区等创新创业国际化合作基础上，进一步强化与以色列、德国、澳门、芬兰、美国等国家和地区的创新创业合作，借鉴以色列等国家创新创业的机制，培养本土化的创新创业生态链，打造国际化创新创业品牌。集聚以色列等国家创新创业企业，建设系列技术对接合作平台，引进一批国际化的企业基金，汇聚一批国际化创新创业工作者。

第三节 武进双创示范基地发展路径研究

为扎实推进示范基地建设，未来三年基地将做好顶层设计，加快推出《常州市大众创业万众创新示范基地三年行动计划》，着力实施"167"计划，探索形成一种双创新苏南模式，着力推进六大工程，重点提升七大特色产业。

一、双创新苏南模式探索路径

双创示范基地将在现有发展的基础上，进一步从双创发展的国际化、社会化、市场化、动态化、融合化五个方向进一步探索，形成双创新苏南模式（具体细分为五个子模式：国际化合作创新创业模式、"3+X"双创平台共建模式、企业内部创业引导模式、"一区多园"板块运作模式、产城融合创新创业发展模式），以期为全国其他地方提供可借鉴、可复制、可推广的发展模式。

1. 探索国际化合作创新创业模式

基于中以常州创新园、中德常州创新园等现有创新创业国际化合作基础，学习借鉴国外先进经验，促进项目与市场、人才与资本的衔接融合，形成"创意+创新+创业+创富"的新平台、新机制、新生态、新文化。积极争取获得国家政策试验区授牌，赋予先试先行框架；积极探索资本流动、资本结算方面的体制机制创新,探索筹建国际化常州股权交易所;探索建立国际化人才流动快速通道(居留、签证、通关、创/就业),持续完善国际社区生活空间;建立国际合作架构机制,并赋予相应权力,同时设立国际化创新创业园区管理办公室,做好对接工作,将示范基地打造成国家先行先试的国际化双创基地。

2. 探索"3+X""双创"平台共建模式

模式中"3"指政府、企业、科研院所3方,"X"指其他社会力量。在多方参与共建常州医疗器械产业研究院(西太湖科技产业园管委会、常州大学、上海理工、江苏新天地投资集团、福隆控股、延陵电子、久虹医疗等),多方合作共建极客车间(武进绿建区管委会、常州创客天使投资有限公司、中科院常州中心、常州信息工程学院等)等成功案例的基础上,进一步总结和完善"双创"平台多方共建的成功路径,进一步探索和完善共建模式,积极引导民间资本、科研院所参与共建创新创业平台,建立起"利益共享、风险共担、全程合作"的共同体关系和利益补偿机制,用有限的财政资金调动社会多方的参与热情,降低社会主体的投资风险,整合全社会范围内的资源和要素,形成创新创业互利共赢的良好局面。

3. 探索企业内部创业引导模式

进一步总结江苏润源控股集团事业部制组织创新、亚邦药业集团成功建设江南健康产业研究院企业内部孵化器、福隆控股集团成功建设福隆医疗器械科技产业园、常州铭赛机器人科技股份有限公司发起创建紫丁香机器人众创空间的经验,进一步完善有关激励政策,引导碳元科技股份有限公司、新誉集团等有实力、有意愿的企业建设企业内部创新创业平台,探索行业龙头企业内部创业与产业裂变的引导模式。

4. 探索产城融合双创发展模式

以国家产城融合示范园区建设为契机,以西太湖科技产业园、常州经开区为试点,注重城市配套设施的完善以及生态环境的营造和优化,鼓励发展双创人才社区建设,努力营造双创人才集聚文化氛围,大力发展楼宇经济,以高附加值产业集聚和高端人才集聚为目标,充分发挥双创在产城融合中的重要作用,通过双创集聚高端人才,通过设施、环境、文化建设留住高端人才,探索面向双创进行基地基础设施建设和生产生活配套完善的路径,促进创新创业与产城融合的共进式发展,探索"宜居宜业"的产城融合创新创业型模式。

5."一区多园"板块运作模式

"一区"指武进国家高新区、西太湖科技产业园等由园区管委会管理的开发区,"多园"指的是由园区管委会下设产业办公室管理的产业园,如西太湖科技产业园区内部的石墨烯产业园、生命健康产业园、互联网产业园,由具体的产业办公室负责招商、服务、管理等一体化运作。以武进国家高新区、西太湖科技产业园、常州经开区为试点,创新双创管理的体制机制,探索面向七大特色产业板块化运作的管理模式,以效能优先、运转高效为目标,建立和完善各产业管理办公室,明确管理结构的职能,提升管理和服务的效能。

二、双创提升七大特色产业路径

充分发挥双创平台的服务功能,积极调动双创主体的创新创业热情,充分运用双创融资能力,重点提升七大特色产业,使双创引领产业发展方向,提升产业发展效率,探索产业发展新的增长动能,实现双创与七大特色产业的良性互动和共同发展。

1.石墨烯新材料产业

以石墨烯为重点,主要围绕纳米碳材料(碳纳米管、石墨烯、富勒烯)、碳纤维及其复合材料、碳/碳复合材料、特种石墨等领域,面向全球招引人才,紧盯美国纽约及硅谷、英国利物浦、德国曼海姆、韩国首尔、日本东京都等全球石墨烯创新资源集聚地区,招引国际顶尖研发团队。以企引企集聚项目,充分发挥基地龙头石墨烯企业接触面广泛、资源渠道比较多的优势,加快石墨烯上下游企业的集聚,完善产业链条。持续提升江南石墨烯研究院、新华石墨烯产业发展研究院等平台功能,积极申报国家工程技术研究中心和江苏省石墨烯产业技术创新中心。加快中国石墨烯网站建设和江苏省石墨烯联盟的运作;积极引进外籍院士工作站、诺贝尔奖得主工作站等创新平台并大力支持其建设,提升国际声誉,树立国际石墨烯创新标杆地位,吸引国际人才团队和项目入驻。积极拓展石墨烯材料在涂料、电缆、超级电容等领域的下游应用,壮大产业规模;积极推进工信部"中国石墨烯产业发展联盟"等品牌的争取。

2. 智能装备产业

紧紧围绕"中国制造2025",构建以龙头企业为引领的智能装备产业集聚区。打造以铭赛机器人、速骏电子为龙头的机器人产业集聚区,以新瑞机械、创生特尔为龙头的数控机床产业集聚区;重点发展工业应用领域可自动控制、重复编程、多自由度、多功能用途的操作机器人,可搬运物料、工件,可操持工具,能完成其他作业的工业机器人,培育发展从事维护、保养、修理、运输、清洗、监护等专业服务的机器人。以卡尔迈耶、五洋纺机为龙头的纺织机械产业集聚区,广泛应用电子技术,提高机电一体化水平和智能化水平,研制新一代清梳联合机、精梳机组、细络联合机和新型纺纱设备,开发研制新一代电子提花圆纬机、经编机和电脑横机以及印染前处理、染色、印花和织物后处理设备。以双创助升级,强化工业基础能力建设,探索核心基础零部件实现自主保障和突破的路径,通过实施智能制造示范,鼓励制造企业增加服务环节投入,引导智能装备企业由设备提供向系统集成总承包服务转变,由提供产品向提供整体解决方案转变,由产品制造向"产品+服务"转变。

3. 节能环保产业

重点发展中大尺寸液晶背光源高端应用的高亮及功率型GaN基外延/芯片和四元系InGaAlP高亮度及功率型红黄光外延/芯片的制造等;重点发展用于照明、背光的大规模白光SMD和大功率封装产业;着力推动高效低成本硅晶电池、薄膜电池、聚光及柔性等新型电池和组件关键技术创新;加快研制生产高性能光伏电站应用类产品,包括控制器、逆变器、自动跟踪系统、数据采集及监控系统、大容量高效能蓄电池等。加快推动顺风光伏组件扩能等重点项目建设。依托主要企业及行业协会等机构组建创新合作联盟,加强行业资源整合、互动与规范。鼓励企业间开展专利相互授权,进行产业链垂直整合,扩大品牌影响力。支持集交易、展示、研发、检测、教育培训、企业孵化功能在内的节能环保产业服务集聚区建设,打造节能环保产业品牌。国家提出"一带一路"倡议,支持和引导节能环保产业通过"走出去"开拓国际新兴市场或直接到海外设厂等方式积极应对,有效化解过剩产能。

4. 健康产业

重点围绕骨科器械与工具、齿科器械、心血管器械、药物传输器械、麻醉呼吸器械与设备、影像诊断、腔镜器械、医疗照护、康复器材、医用耗材产品、基础手术器械、可穿戴医疗设备等方向,通过产业生态圈的培育诞生出更多来自"常州制造"的世界级医疗器械产品,并在此基础上,集聚形成包括齿科、医学影像在内的2~3个新型特色子产业,同时构建协同发展、创新高效、竞争力强的子产业集群,拓展国内国际影响力。在现有省级资质基础上创建国家级"海峡两岸健康产业合作示范区"和国家级"国际医疗旅游先行区",创建省级或以上"海峡两岸医疗创新发展中心"。依托现有的常州现代医疗器械产业研究院、江南健康产业研究院、福隆医疗科技产业园、西太湖医疗产业孵化园,整合资源全面提升对双创企业的支持力度。持续优化"厅市共建"机制(即江苏省食品药品监督管理局与常州市政府共建西太湖国际医疗产业园机制),争取实现江苏省卫生与计生委和常州市政府共建西太湖国际医疗产业园机制。继续加大健康产业基金的吸引和组建力度,为进区双创企业打造良好的融资支持平台。

5. 互联网产业

围绕电子商务、数据中心、呼叫中心、云计算、物联网、嵌入式软件、电子元器件、互联网、移动互联网、跨境电商等发展方向,全力打造电子商务全产业链集聚区、嵌入式软件集聚区、电子元器件集聚区。在细分领域重点发展电商平台运营、代运营、国产云计算、软件系统开发、数据分析、嵌入式软件开发、营销广告、渠道推广、专业咨询、视觉设计、网店摄影、人才培训等。继续提升国家级两化深度融合试验区功能,持续强化国家火炬计划软件产业基地的能力建设,着力推进江苏省电子商务示范基地、江苏省互联网产业园、国家级科技企业孵化器、江苏省现代服务业集聚区等品牌建设。

6. 绿色建筑产业

建成功能完善的国家级绿色建筑公共服务平台和创新发展平台,建成一批国家、省、市级科技创新载体,各类科技创新载体面积超过20万平方米。形成绿建制造业与绿建服务业并举的产业结构,实现绿色建筑工业总产值超过80亿元,绿色建筑服务业营业收入超过60亿元;吸引超过50家全球知名绿色建筑企业,以制造业基地、服务业公司、产品展销窗口等形式落户园区。通过政府引导、市场运作、多元投入,基本形成覆盖园区管理、展示宣传、金融服务、国有公司管理的全方位创新体系。定期举办国内外绿色建筑产业高峰论坛,建成绿色建筑产业全国性公共服务平台和电子商务平台,吸引绿色建筑产业的产品、技术、人才、信息集聚集中,基本建成展示度更高、影响力更大、宣传示范效应明显的绿色建筑产业应用宣展引领区。

7. 轨道交通产业

坚持整车装备与关键系统、核心零部件协同发展,依托中车、今创等龙头企业,加快轨道交通产业园载体平台打造,加强产业链招商,推进城轨车辆总装基地等重点项目建设,做强轨道交通产业。坚持整车装备与关键系统、核心零部件协同发展战略,突破性发展城市低地板车辆、地铁B型车、电力机车、重载及快捷货运列车等整车和轨道交通维护机械装备;大力提升轨道交通车辆控制、综合监控与运营管理、故障诊断系统等软硬件;发展壮大关键核心零部件。针对车辆控制、信号系统等关键技术方面的不足,以江苏省轨道交通产业技术创新战略联盟和轨道交通产业技术协会为依托,联合常州西南交通大学轨道交通研究院等科研机构共同开展技术攻关,加速技术研发和成果转化,通过技术"补链""强链",提升产业发展水平。推动常州南车轨道交通产业有限公司等采取多元化投资运营模式,努力打造集整车制造、投融资、建设、运营为一体的全产业链龙头企业,协同本地其他配套企业共同拓展国内外市场。积极对接国家"一带一路"发展战略,引导和鼓励轨道交通产品"走出去",在国际市场上赢得发展空间。

三、双创主体培育路径

1. 鼓励大学生和青年人创业

鼓励示范基地内高校成立创新创业学院,推行"学业+创业"的双导师培养模式,鼓励高校引进和培育高素质创业教育和创业培训师资,鼓励高校开设创业教育通识类课程,提升创业教育水平,扩大创业教育的普及率。与高校创新创业学院等创新创业指导机构开展紧密合作,开设创业教育课程,开办创业讲坛,开展大学生与青年创业比赛。鼓励和引导大学生和青年创业者进入大学科技园、大学生创业园、大学生创业示范基地创业孵化,努力实现创业教育、创业培训、创业实践和创业实战的有机结合。

2. 积极引进国内外高层次人才创新创业

充分利用国家"千人计划"、江苏省"双创计划"、"龙城英才计划"等高层次人才引进计划,充分发挥中以常州创新园、中德常州创新园区等国际科技合作载体的作用,引进和培育一批懂技术、懂市场、懂管理的复合型创新创业服务高端人才和创新创业团队,创新运作体制、机制,落实海外高层次人才居住证制度,为海外高层次科研人才来武进创业及高技术成果来武进转化构建"绿色通道"。

3. 支持科研人员创新创业

加快推进科技成果使用、处置和收益权管理试点改革,完善科技人员股权激励机制和创新创业保障机制,鼓励和引导国内外碳烯新材料、智能装备、节能环保、健康、互联网、轨道交通、绿色建筑等领域的技术人员来示范区自主创业。鼓励和支持示范基地内科研院所的教师与专家带技术、带专利、带项目、带团队创业;鼓励高校、科研院所探索建立科技成果技术转移和产业化的有效机制;鼓励智力要素和技术要素以各种形式参与创新创业收益分配;鼓励科技人才双向兼职和流动,支持高校、科研院所选派科技人才到企业从事科技创新和成果产业化研究;积极申请国家科技体制改革的相关试点,推进先行先试政策落实。

4. 鼓励企事业人员连续创业

鼓励企事业人员发挥技术、管理等优势连续创业;鼓励国有大中型企事业单位、上市公司、行业领军企业、创业投资机构、天使投资人等组织设立连续创业者投资基金,扶持企事业人员连续创业;加大对连续创业者的服务力度,对创业项目在资金方面给予优先考虑,在创业团队组建方面给予政策支持;推动创新型领军企业和行业龙头骨干企业借助技术、管理等优势和产业整合能力,向企业内部员工和外部创业者提供资金、技术和平台,开展产业孵化和新业态创新,裂变出更多拥有前沿技术和全新商业模式的创业企业。

四、双创平台建设路径

1. 推进众创空间建设

围绕基地七大特色产业,合理利用,充分盘活有关闲置空间,高效整合人才、技术、资本、市场等各种要素,构建一批低成本、便利化、全要素、开放式的众创空间。进一步推进政府自建、政企共建和企业自建等众创空间发展模式。支持奇点3D创客空间、创业公会、青武·创客空间、N^3创意工坊、紫丁香机器人众创空间、蓝光空间、碳元梦想工场、CMD星工场、极客车间等众创空间建设。支持各类众创空间之间的合作联动与资源开放共享,实现创新与创业相结合、线上与线下相结合、孵化与投资相结合,为广大创新创业者提供良好的工作空间、网络空间、社交空间和资源共享空间。加快江苏省众创空间集聚区建设,争创一批在全国有一定知名度的众创空间。

2. 完善新型孵化生态链建设

构建以专业孵化器和创新型孵化器为重点、综合孵化器为支撑的创业孵化生态体系,建立基地科技孵化器综合业务服务与管理平台。进一步提升和完善武进高新技术创业服务中心、常州市武进科创孵化园、西太湖国际智慧园、江苏津通信息技术孵化器、常州科教城国际创新基地孵化器、江南石墨烯研究院等国家级、省级科技孵化器的功能,引导企业、社会资本参与投资建设孵化器,促进天使投资与创业孵化紧密结合,推广"孵化+创投"等孵化模式,积极探索基于互联网的新型孵化方式,提升孵化器专业服务能力,完善"苗圃—孵化器—加速器—科技园区"科技创业孵化链条。

3. 提档升级创新平台建设

加快中以常州创新园、中德常州创新园等国际创新平台建设,提升功能,完善服务。加快推进大连理工大学常州研究院、常州半导体照明产业产学研联合创新服务平台等省级重大创新载体建设。进一步加快江苏省数控机床工程技术研究中心、江南石墨烯研究院、亚邦江南健康产业研究院等省级重大研发机构的建设,争创国家级工程中心或工程技术中心;加快推进今创集团有限公司、常州铭赛机器人科技有限公司、常州润源经编机械有限公司等企业院士工作站建设;加快推进江苏省(中进)助行类人体康复辅具工程技术研究中心等省级工程中心建设。

4. "互联网+"创业服务平台建设

建立健全"互联网+"创业网络体系、构建线上与线下相结合的创新创业生态链,依托天安互联网+创业园,建设一批"互联网+"创新创业平台。建设武进"智孵化"云服务平台,在云平台上集成创业辅导、科技金融、技术转移、人才培养等方面的一站式孵化服务,并逐步实现对创新创业的"O2O模式"服务。依托"互联网+"创新创业平台发展众创、众包、众扶、众筹等;鼓励企业利用"四众"等新方式加大企业创新投入,实现"互联网+创新创业",引导企业由生产经营型向创新型跃升。

第四节　武进双创示范基地发展重点工程

一、双创服务体系完善工程

1. 优化创新创业载体空间布局

整合优化已有的创新创业载体空间布局,融合最新的创新创业空间设计理念,打造"一核"(常州科教城)、"四园区"(武进国家高新区、西太湖科技产业园、常州经开区、武进绿建区)的空间布局。常州科教城主要集聚高端研发、国际技术转移、大学生创业孵化基地、互联网产业创新创业等七大特色双创业态;武进国家高新区主要集聚智能装备创业孵化、互联网产业创业孵化、中德国际化创新创业等双创业态;西太湖科技产业园主要集聚石墨烯产业创业孵化、健康产业创业孵化、中以国际化创新创业等双创业态;常州经开区主要集聚轨道交通创业孵化等双创业态;武进绿建区主要集聚绿色建筑产业创业孵化、中芬国际化创新创业等双创业态。

2. 构建创新创业孵化服务体系

构建从项目发现、团队构建、投资对接,到商业加速、后续支撑的全过程创新创业孵化服务体系,面向创新创业者提供创业导向、资源共享、交流互动、专业咨询等低成本、便利化、开放式、全要素的一站式创新创业服务。

3. 完善创新创业服务机制

积极引导民间力量进入创新创业服务产业,着力构建以政府为引导、以市场为主体的创新创业服务体系。运用互联网等信息技术优化创新创业服务流程。通过政府补贴或购买服务的方式,引导信息服务、咨询服务、融资服务、财务会计、法律维权、知识产权、技术交易等机构为创业企业提供专业、高端的协同服务。

4. 完善知识产权保障体系

鼓励各类市场主体投资知识产权代理、评估、交易、咨询等服务机构。积极探索知识产权类无形资产交易,支持知识产权融资质押、投资入股。支持百腾科技等知识产权平台的进一步建设和发展。引进国内外高端知识产权咨询服务机构,支持知识产权服务机构面向七大特色产业领域,建立知识产权信息服务平台,开展专利导航试点,提升创新创业服务能力。

5. 营造创新创业氛围

策划开展系列化、常态化、持续化的创新创业活动,定期开展"创业促就业宣传月""创业服务周"等系列活动,大力宣传创业政策,搭建创业对接平台,为创业者提供交流平台。加大对区内成功创业者、青年创业者、天使投资人、创业导师、创业服务机构的宣传力度,利用新媒体广泛开展新闻报道,推广先进经验和模式,树立创业偶像;以"武进创业精神"为主题,以"鼓励创新、宽容失败"为内涵,形成更加有利于大众创业万众创新的舆论导向。

二、双创改革试点推进工程

1. 积极开展创新创业政策的先行先试

按照苏南国家自主创新示范区建设要求,积极落实好向全国推广的中关村6条政策,主要包括科研项目经费管理改革、非上市中小企业通过股份转让代办系统进行股权融资、扩大税前加计扣除的研发费用范围、股权和分红激励、职工教育经费税前扣除、科技成果使用处置和收益管理改革。

2. 探索板块化运作的管理模式

大力推进行政体制改革,改革完善管理体制、运行机制、绩效考核等体制机制,构建目标导向明确、功能定位清晰、具有基地特色的创新创业管理机制。以效能优先、运转高效为目标,完善产业管理办公室的职能。加快行政审批管理制度改革,推进落实板块独立审批机制,打通审批服务绿色通道,优化行政审批服务流程,提高行政服务效能。

3. 创新财政支持方式

把落实科技税收优惠政策和政府专项资金奖励扶持作为激励企业创新创业能力的重要手段,把"龙城英才"等直接资金支持项目改为"后补助"、投资参股等方式,发挥政府资金的引导放大作用,提高资金的使用绩效,引导孵化扶持创新创业型企业发展壮大。

4. 推进国际化合作

依托中以、中德"双创"方面的合作基础,积极推动国家相关部委、省市相关部门同以色列、德国等国相关对口部门建立定期会商机制,加快推进国际化创新园的孵化器建设。同时,在时机成熟的情况下,加快推进国际创新合作政策的突破试点,在跨境电商、国际知识产权等方面先行先试,筹建"常州国际股权交易所",探索资本流动、资本结算方面的体制机制创新,打造国际高端金融服务平台。

三、创业融资能力提升工程

1. 推进省级科技金融合作创新示范区建设

进一步完善"政府、银行、担保、保险、创投"五位一体的创新创业与金融融合的机制，构建从天使投资、风险投资、PE投资到券商服务的完整创业投资体系。充分发挥"苏科贷"等金融产品的作用，建立融资风险与收益相匹配的激励机制，鼓励融资性担保机构为知识产权质押融资提供担保，拓宽科技型中小企业融资渠道。通过省级科技金融合作创新示范区建设，进一步提升创业金融服务能力，进一步完善创业融资服务体系，打造创业融资服务生态体系。

2. 大力发展天使投资

与亚邦、新誉、福隆等领军企业，碳元梦想工场、极客车间等创新型孵化器共同发起设立创业系投资基金；与九州创投、江苏新天地等知名社会天使投资机构共同发起设立连续创业者投资基金；与常州大学、上海交通大学等高校院所等机构共同发起设立大学生创业者投资基金；大力引进天使投资机构，鼓励各类创业投资机构设立天使投资基金；鼓励社会资本和自然人开展天使投资，培育发展天使投资群体，建立天使投资人备案制度和天使投资项目库，开展天使投资人培训、天使投资项目与金融机构交流对接、天使投资案例研究等活动。

3. 促进科技金融从业机构建设

引进或培育"科技支行""科技小贷""科技保险""科技担保"等各类科技金融机构，鼓励金融机构在科技金融服务的组织体系、金融产品和服务机制方面进行创新，并鼓励从业机构推出新型科技金融产品，开展科技保险、科技担保、知识产权质押等金融服务。

4. 推进成立特色产业创投引导基金

认真贯彻发改高技〔2014〕1822号文件等相关特色产业创投基金设立文件的精神，积极落实产业基金相关配套资金。发挥政府资金杠杆作用，吸引有实力的企业、大型金融机构等社会、民间资本参与，形成面向七大特色产业的创投引导基金。创投引导基金按照"政府引导、市场运作、科学决策、防范风险"的原则进行投资运作，产业创投基金可以参股方式与其他相关基金合作。

5. 搭建一站式金融服务平台

与九洲创投等知名社会资本合作共同搭建"全方位一站式服务"平台。以"众创基金＋VC/PE＋风险投资＋投资顾问＋资产管理"等模式向企业提供金融帮助；以上市为目标，向企业提供配套的资源与设施，实现产业与资本的高度结合；与高校合作创建研发基地；为初创企业提供孵化平台；以商业基金为平台，促进企业与金融资本的深度对接，为企业提供金融资本支撑服务。

6. 着力发展多层次资本市场

积极引导创新型高成长企业与九州创投等知名社会资本相结合，实现高成长企业的资本加速；积极引导支持创业企业在区域股权市场、互联网股权众筹平台展示挂牌、进行融资；加快科技企业上市步伐，集成各类科技计划和股改上市扶持资金，加强上市培育辅导，推动科技企业股份制改造，在中小板、创业板、"新三板"上市或在区域性股权交易市场挂牌交易。

7. 推动互联网与传统金融业融合发展

推动区内金融机构利用互联网技术拓展金融服务渠道，创新产品、业务和交易方式，实现互联网金融与创新创业资源无缝对接，提升服务水平；大力支持互联网企业发展第三方支付、移动支付、网络借贷、征信机构等，推动知名互联网企业的金融机构和金融平台落户；促进大数据、云计算等新技术在金融行业的应用，提升金融服务水平。

8. 积极探索国际金融合作机制

借鉴上海自贸区金融创新政策（及沪港通等类似政策），进行部分政策的复制推广，包括允许建立特殊账户，简化其转账手续，缩短账期时间；允许在中以常州创新园、中德常州创新园等园区设立离岸金融服务；允许一定额度内的跨境资金自由流通、兑换，未来随着业务发展和风险管控能力的提高，可不断调整额度。

第五节 武进双创示范区建设阶段

常州市武进双创示范基地在未来建设中主要按照完善基础阶段（1年）、提升功能阶段（1～2两年）、深化发展阶段（3～4年）三个阶段进行推进。

在完善基础阶段，初步探索双创新苏南模式（国际化合作创新创业模式、"3+X"双创平台共建模式、企业内部创业引导模式、产城融合双创发展模式、"一区多园"板块运作模式）；推进中以常州创新园等双创载体建设，完成武进"智孵化"等平台立项，完成"创业武进"APP平台；推进绿色建筑研发中心等双创项目的建设；面向各类双创主体开展讲座、辅导、大赛等培育活动，积极引进国内外双创人才；推进体制机制改革，促进双创载体集聚优化，完善知识产权服务，提供投融资对接服务。

在提升功能阶段，初步形成双创新苏南模式；持续推进碳元科技众创空间等双创载体建设、武进"智孵化"等平台试运行，持续完善"创业武进"APP平台；持续推进瑞声微型马达等双创项目开展；面向各类双创主体持续开展讲座、辅导、大赛等培育活动，扩大影响范围、提升活动质量，陆续推出海归创业讲坛、海归创客本土化创业辅导等活动，持续引进国内外双创人才；持续推进体制机制改革，打造全链条知识产权服务体系，形成"创客—企业家—投资人—导师"互助机制，持续提供投融资对接服务。

在深化发展阶段，持续完善双创新苏南模式；持续推进青武·创客空间、众创空间等双创载体建设，推进武进"智孵化"等平台功能的完善和发展，持续提升"创业武进"APP平台功能，扩大影响范围；面向各类双创主体深化完善各种双创活动，凝练形成双创品牌，促进双创领军型人才的培育和提升；持续推进体制机制改革，持续完善全链条知识产权服务体系，形成双创金融服务体系。

常州武进双创示范基地发展阶段图如图4.1所示。

第四章 双创示范基地视角——武进国家创新创业示范基地发展研究

	第一阶段	第二阶段	第三阶段
新苏南模式探索	国际化合作创新创业模式初步探索；"3+X"平台共建模式初步探索；企业内部创业引导模式初步探索；产城融合"双创"发展模式初步探索；"一区多园"板块运作模式持续开展	国际化合作创新创业模式初步形成；"3+X"平台共建模式初步形成；企业内部创业引导模式初步形成；产城融合"双创"发展模式初步形成；"一区多园"板块运作模式初步形成	国际化合作创新创业模式持续完善；"3+X"平台共建模式持续完善；企业内部创业引导模式持续完善；产城融合"双创"发展模式持续完善；"一区多园"板块运作模式持续完善
主体培育	大学生及青年创业讲座持续开展；初创人员创业辅导模式初步开展；创业大赛持续开展	大学生及青年创业讲座持续开展；初创人员创业辅导持续开展；海归创客本土化创业辅导；创业大赛；创客沙龙；海归创业讲坛	大学生及青年创业讲座持续开展；初创人员创业辅导模式持续完善；海归创客本土化创业辅导；创业大赛；成功创始品牌凝练；海归创业讲坛
服务完善	体制机制改革；双创载体优化整合；知识产权服务完善；投融资对接服务；互动建设服务	体制机制持续改革；打造全链条知识产权服务体系；引导民间资本进入双创服务；"创客—企业家—投资人—导师"互助机制；投融资对接服务	体制机制持续改革；打造全链条知识产权服务体系；引导民间资本进入双创服务；"创客—企业家—投资人—导师"互助机制；投融资对接服务
平台建设	推进现有众创空间持续完善建设；持续推进现有创新平台建设；武进"智孵化"等平台立项"创业武进"APP	推进现有众创空间持续完善建设；持续推进现有创新平台建设；武进"智孵化"等平台运营	推进现有众创空间持续完善建设；持续推进现有创新平台建设；武进"智孵化"等平台正式运营
招才引资	国家千人；江苏双创；龙城英才；武进英才	国家千人；江苏双创；龙城英才；武进英才	国家千人；江苏双创；龙城英才；武进英才；领军人才培育提升

图 4.1 常州武进"双创"示范基地发展阶段图

第六节 武进双创示范基地发展保障措施

一、加强组织协调管理

加强对双创示范基地的协调和管理,发挥政府宏观调控和政策引导作用,细化政策措施,明确部门责任,抓好督促落实。成立领导小组,由武进区主要领导任组长、分管领导任副组长,相关板块和部门负责人为领导小组成员,统筹协调示范基地建设工作。加强与国家、省相关部门的沟通协作,争取建立"委(发改委)地共商"推进机制,加强双创示范基地的组织协调和发展规划,统筹做好产业发展顶层设计和布局。

二、加大财政扶持力度

落实有关政策,推动创新创业企业和平台在高新技术企业认定、办公场地使用、股权激励、项目申报等方面享受相关政策。制定出台引导鼓励创客空间、孵化器、加速器建设等方面的政策措施。加强财政引导,整合现有专项资金,采用财政直接补助和基金化运作相结合的方式,进一步加大对众创空间、科技企业孵化器、创新创业人才团队、创新平台的扶持力度,做好国家及省有关政策的落实工作,引导社会资本投资众创空间内的创业人才、项目和企业。

三、完善科技企业孵化器建用政策

大力盘活利用现有存量建设用地,鼓励科技企业孵化器租赁使用高标准厂房。在符合土地利用总体规划、城乡规划和产业发展规划的前提下,对符合单独供地条件且确需单独供地的,优先安排供应土地,并可按照工业用地长期租赁、先租后让、租让结合和弹性出让的方式办理供地手续。创业苗圃、孵化器、加速器项目用地按照工业用地供地政策管理。在不改变土地用途和土地有偿使用合同约定投入产出等条件的前提下,科技企业孵化器使用的高标准厂房可以幢、层等固定界限的部分为基本单元分割登记、转让。

四、加强评估考核工作

根据示范基地的特点和发展实际,健全评估标准体系,抓好评估标准的制定、修订工作。建立创新创业者信用评价体系,研究制定众创空间建设绩效评价办法,积极探索创新创业统计体系的建立和应用示范,定期组织开展评估,及时通报工作进展、创新举措和工作成效。

附录1 常州市武进双创示范基地重点任务表

类别	序号	任务名称	主要内容	阶段目标		
				第一阶段	第二阶段	第三阶段
产业发展类	1	特色产业快速发展	石墨烯、智能装备、互联网、健康、节能环保、绿色建筑、轨道交通7大产业年总量突破4 000亿元	1 500亿元	2 000亿元	4 000亿元
企业上市挂牌	2	推进企业上市挂牌	上市及"新三板"挂牌企业累计达到70家以上,其中境内外上市企业25家,"新三板"挂牌企业45家	43家	65家	100家
基金类	3	设立特色产业创投基金	设立特色产业创投引导基金,发挥政府资金杠杆作用,吸引有实力的企业、大型金融机构等社会、民间资本参与	成立运营平台,完成资金募集	试运行	平台正式运营
基金类	4	设立三项特色天使投资基金	与领军企业、创新型孵化器等共同发起设立创业系投资基金;与知名社会天使投资机构共同发起设立连续创业者投资基金;与高校院所等机构共同发起设立大学生创业者投资基金	成立运营平台,完成资金募集	试运行	平台正式运营
体制类	5	成立双创行动计划联合领导小组	建立常态沟通机制,加强对双创示范基地三年行动计划的组织领导,推进各项工作落实	年内完成	—	—
体制类	6	建立创新创业监测评价体系	建立创新创业监测评价体系,并基于评价体系建立信息发布制度与动态响应机制	年内完成	—	—

续表

类别	序号	任务名称	主要内容	阶段目标		
				第一阶段	第二阶段	第三阶段
体制类	7	成立国际创新创业合作工作组	开展全球创新创业资源招引、推进国际技术合作、举办国际创新创业活动、落实国际人才保障工作	年内完成	—	—
	8	改革科技管理服务体制	建立科学、客观的科技成果评价体系；搭建科技资源运营平台	年内完成	—	—
平台建设类	9	推进现有众创空间持续完善建设	支持奇点3D创客空间、创业公会、青武·创客空间、N^3创意工坊、紫丁香机器人众创空间、蓝光空间、碳元梦想工场、CMD星工场等众创空间建设	持续推进	持续推进	持续推进
	10	持续推进现有创新平台建设	支持中以常州创新园、中德常州创新园、常州半导体照明产业产学研联合创新服务平台、江南石墨烯研究院、常州铭赛机器人等各类创新平台的建设	持续推进	持续推进	持续推进
	11	建设武进"智孵化"云服务平台	在云平台上集成创业辅导、科技金融、技术转移人才培养等方面的一站式孵化服务，并逐步实现对创新创业的"O2O模式"服务；依托"互联网+"创新创业平台发展众创、众包、众扶、众筹等服务	立项与试运营	持续完善	正式运营
	12	设立双创发包平台	鼓励相关企业、孵化器内的团队和个人通过平台需求，设立创业项目，并在资金、设备和技术等方面给予一定支持	完成立项、规则设计与资源导入	持续完善	正式运营

续表

类别	序号	任务名称	主要内容	阶段目标		
				第一阶段	第二阶段	第三阶段
平台建设类	13	成立股权众筹平台	积极申请国家股权众筹融资试点,成立股权众筹平台;支持股权众筹平台创新业务模式,拓展业务领域;支持区内创业企业通过平台募集资金	立项与试运营	持续完善	正式运营
	14	设立科技信息共享平台、大型科学仪器共享平台	设立覆盖科研院所、高等教育机构、企业研发中心的设备、材料、技术等科技资源的统一共享平台	立项与试运营	持续完善	正式运营
	15	建设产业技术转化平台	平台集科技成果征集、发布、展示、交易等功能为一体;高校、科研院所优秀高新技术成果进入平台,同时积极引进国内外科技成果,为企业提供跨领域、跨区域、全过程的在线技术转移集成服务	立项与试运营	持续完善	正式运营
	16	培育新型研发机构	推动有条件的企业技术中心、重点实验室、研究所等传统研发机构向研发、投资和创业孵化三位一体的新型研发机构转型	选择10家机构进行试点	试点推进	试点全面铺开
	17	开发"创业武进"APP	建立统一的信息发布、政策申报和查询办理的移动端平台,提升政策服务便利化程度	年内完成	—	—

续表

类别	序号	任务名称	主要内容	阶段目标		
				第一阶段	第二阶段	第三阶段
活动类	18	"创业金牌教练"活动	聘请国际、国内知名企业家、天使投资人、专家学者担任创业导师,形成不少于100人的高端创业导师队伍,完善创业导师与创业者的对接机制	年内举办首次活动	提升活动规模和组织水平	提升活动规模和组织水平
	19	创业品牌系列活动	定期开展"创业促就业宣传月""创业服务周"等系列活动	年内完成	—	—
	20	"天使下午茶"活动	定期开展"天使下午茶"活动	定期开展"天使下午茶"活动	定期开展"天使下午茶"活动	定期开展"天使下午茶"活动
	21	创业大赛	开展系列创业大赛	持续开展	扩大影响	形成品牌

附录2 常州市武进双创示范基地重点项目列表

序号	项目名称	项目概况	实施主体	计划总投资/万元	建设性质	属地
1	常州斯太尔柴油发动机	项目用地700亩,总投资70亿元,第一期总投资15亿元,注册资本5亿元,全部投资完成后,可年产40万台多缸柴油发动机及10万台油电混合动力底盘	斯太尔动力(常州)发动机有限公司	700 000	新建	高新区
2	常州北汽英田新能源汽车	一期利用英田土地,新建和改造厂房,购置总装、涂装、焊装生产线,形成年产新能源汽车5万辆的生产能力	常州英田汽车有限公司	1 000 000	新建	高新区

续表

序号	项目名称	项目概况	实施主体	计划总投资/万元	建设性质	属地
3	常州恒立精密液压马达	年产挖掘机专用液压马达15万只	江苏恒立液压有限公司	200 000	新建	高新区
4	宝斯特节能电力电子设备	用地面积196亩,建设厂房8万平方米,新增装配流水线,形成年产改善电能质量的相关电力电子设备3.7万台的生产能力	江苏宝斯特科技有限公司	50 000	续建	高新区
5	安泰诺精密线路板扩能	租用厂房1.2万平方米,新增热熔机等生产设备,形成年产印制电路板60万平方米的生产能力	常州安泰诺特种印制板有限公司	30 000	新建	高新区
6	兴勤电子传感器	用地面积100亩,建设厂房5万平方米,新增电子产品自动化生产线等主要设备,形成年产各类电阻、电子传感器10亿只的生产能力	兴勤电子(常州)有限公司	52 000	续建	高新区
7	西门子新能源汽车电机及驱动系统	租用标准厂房约7 000平方米,新增封装线等设备,形成年产新能源汽车电机及驱动系统12万套的生产能力	北京西门子汽车电驱动系统(常州)有限公司	40 000	续建	高新区
8	北汽新能源汽车动力电池	新增锂电池流水生产线,形成年产新能源汽车动力电池5GW·h的生产能力	北京新能源汽车股份有限公司	300 000	新建	高新区
9	华森骨科器械	用地面积50亩,新建厂房3万平方米,新增加工中心、纵切机等设备300余台套,形成年产各类骨科器械2万套的生产能力	常州华森医疗有限公司	20 000	续建	高新区

续表

序号	项目名称	项目概况	实施主体	计划总投资/万元	建设性质	属地
10	创辉医疗器械	用地面积60亩,建设厂房4.5万平方米,新增自动数控切削中心、车铣复合加工中心等设备72台(套),项目达产后形成年产三类6846植入材料和人工器官25万件、一类6801基础外科手术器械1 000套、一类6810矫形外科(骨科)手术器械2 000套的生成能力	创辉医疗器械(中国)有限公司	25 000	新建	高新区
11	艾维康骨科器械	租用标准厂房3万平方米,新增数控加工中心等设备,形成年产骨科器械产品7万套的生产能力	江苏艾维康医疗器械科技有限公司	13 000	新建	高新区
12	贝内克车用PVC材料	用地面积104亩,建设厂房1.8万平方米,新增研磨机、涂布机、球磨机、压花机等主要设备,形成年产生态皮革1 000万平方米的生产能力	贝内克长顺生态汽车内饰材料(常州)有限公司	60 000	续建	高新区
13	纳博特斯克精密减速机	利用原有土地,建设厂房1.3万平方米,新增数控加工中心、卧式镗床等设备,形成年产精密减速机20万台的生产能力	纳博特斯克(中国)精密机器有限公司	20 000	续建	高新区
14	快克焊接机器人	用地面积50亩,建设厂房3万平方米,新增自动装配线和加工中心等设备,形成年产自动焊接机器人700台套及电子装联生产线200条的生产能力	常州快克锡焊股份有限公司	20 000	续建	高新区
15	瑞声微型马达	用地面积56亩,建设厂房6.6万平方米,新增自动点胶机、三轴涂布机等设备,形成年产微型振动马达3亿只的生产能力	瑞声光学科技(常州)有限公司	30 000	续建	高新区

续表

序号	项目名称	项目概况	实施主体	计划总投资/万元	建设性质	属地
16	士保安防设备	用地面积150亩,建设厂房8万平方米,项目达产后可形成年销售额5亿元人民币	士保投资有限公司	60 000	新建	高新区
17	恒立精密液压件(二期)	用地面积333.5亩,建设厂房16.5万平方米,新增立式加工中心等设备,形成年产挖掘机专用液压马达5万只、高压柱塞泵2万件、液压多路阀2万件的生产能力	江苏恒立液压有限公司	135 000	新建	高新区
18	今创轨道交通装备	用地面积758亩,建设厂房等60.2万平方米,新增型材加工中心、数控龙门加工中心等设备,形成年产500辆整车和2 500辆车配套关键零部件的生产能力	今创集团股份有限公司	500 000	续建	高新区
19	瑞声智能移动终端射频金属结构模组	用地面积208亩,一期建设厂房22万平方米,购置CNC加工机、注塑机、精雕机等设备3 000台(套),从事射频金属结构模组的研发制造,为知名世界手机品牌提供金属外壳模组	常州瑞声精密组件有限公司	600 000	新建	高新区
20	新誉庞巴迪轨道交通信号系统	年产4套轨道交通信号系统(CITYFLO型)和4套轨道交通综合监控系统	新誉庞巴迪信号系统有限公司	20 000	续建	高新区
21	常州大学测试实验楼	用地面积40亩,建筑面积4.7万平方米	常州大学	18 000	新建	高新区

续表

序号	项目名称	项目概况	实施主体	计划总投资/万元	建设性质	属地
22	用于互联工厂的桁架机器人的研发及产业化	购置大型机器人生产设备20台套,用于装备制造业的柔性生产线的大型集成化机器人,形成产能为年产250台工业桁架机器人	金石机器人常州有限公司	9 000	续建	高新区
23	常州半导体照明产业产学研联合创新服务平台	建设研发中心2.8万平方米,孵化器、加速器5万平方米;建设"研究开发""科技服务"等五大平台;形成辐射全国的半导体照明产品重要研发与生产基地	常州滨湖建设发展集团有限公司	20 000	续建	高新区
24	中以常州创新园	建设以色列中心,引进以色列霍巴特、库科尔曼、平安等基金;建设以色列专科医院和康复培训中心以及中以远程医疗中心	江苏伟驰建设发展有限公司	50 000	新建	西太湖
25	常州石墨烯科技产业园	建设以石墨烯研究院为主的核心区及孵化加速区、产业拓展区、综合配套区等,从事石墨烯技术研发及产业化应用	江苏慧德科技发展有限公司	250 000	续建	西太湖
26	江南健康产业研究院	用地80亩,建筑面积3.8万平方米,建设现代中药研发中心、中医养生科学研发中心、基因诊断技术研究与健康管理教育中心等研发平台,引进高效液相色谱仪、气相色谱仪等研发及生产设备300台/套	亚邦医药股份有限公司	30 000	续建	西太湖

续表

序号	项目名称	项目概况	实施主体	计划总投资/万元	建设性质	属地
27	索普瑞玛防水保温建材	用地面积149亩,一期建设厂房6 820平方米,新增挤出机、混料机、压延机等设备,形成年产TPO防水卷材和PVC防水卷材各400万平方米,改性沥青防水卷材2 000万平方米,PIR保温板1 000万平方米的生产能力	索普瑞玛（中国）建材有限公司	90 000	新建	西太湖
28	新纶科技光电薄膜（二期）	用地面积450亩,建设厂房等21万平方米,新增PE流延机、精密涂布机、大型恒温恒湿试验机等主要设备,扩大原有产能	新纶科技（常州）有限公司	200 000	新建	西太湖
29	万云汇信息科技云计算服务平台	用地30亩,建筑面积3万平方米,主要建设供电系统、空调系统、网络系统、机房物理设施、服务器集群、存储系统、云计算平台等	江苏万云汇信息科技有限公司	50 000	新建	西太湖
30	瑞登梅尔药用辅料	用地面积50亩,建设厂房2万平方米,新增高端离心机、研磨机、筛选机、包装机、空压机等主要设备,形成年产以微晶纤维素为主的药用辅料1.5万吨的生产能力	瑞登梅尔天然纤维制造（常州）有限公司	18 600	续建	西太湖
31	腾龙汽车零部件扩能	用地面积37.3亩,建设厂房6.3万平方米,新增数控加工中心、检测装置等设备,形成年产汽车用传感器200万件的生产能力	常州腾龙汽车零部件股份有限公司	11 000	新建	西太湖
32	亚邦天龙医用新型材料	用地80亩,建设厂房4.5万平方米,新增医用材料自动生产线,形成年产高弹料15 000吨、非邻苯类7 000吨、磨砂料6 000吨、管料11 000吨、膜料4 000吨等的生产能力	常州市亚邦天龙医用新材料有限公司	28 000	续建	西太湖

续表

序号	项目名称	项目概况	实施主体	计划总投资/万元	建设性质	属地
33	福隆医用材料	用地面积286亩,建设厂房24万平方米,新增骨科、齿科、妇科等产品的研发生产设备,形成年产各类医用及康复用复合材料制品12 200万件的生产能力	福隆医用材料(中国)有限公司	111 000	续建	西太湖
34	智能数字产业园	占地面积130亩,建筑面积9.2万平方米,并建有相关配套工程	长江龙城科技有限公司	31 000	新建	科教城
35	智能电网特高压试验检测中心	新建50米净高试验厂房2.2万平方米,安装各型测试设备,建设1 000kV等级特高压实验中心	常州博瑞电力自动化设备有限公司	20 000	续建	经开区
36	博瑞智能电网研发及总装基地	用地200亩,建设研发试验孵化及生产厂房15万平方米,新增自动化生产线等主要设备,形成年产智能电网成套产品3 000套、发电机励磁系统200套等的能力	常州博瑞电力自动化设备有限公司	70 000	续建	经开区
37	格瑞空调华东研发生产项目	用地38亩,建筑面积2.5万平方米,生产溶液调湿空调设备,形成年产12 000台溶液调湿空调机组、3 000台热泵式固体吸附除湿机和8 000套温湿度空调其他配套产品的生产能力	江苏格瑞力德空调制冷设备有限公司	15 000	新建	绿建区
38	诺森轻钢结构集成房屋及建筑材料	用地71亩,建筑面积2.5万平方米,购置轻钢结构集成房屋生产线,形成年产2 000套轻钢结构集成房屋的生产能力	诺森(常州)建筑产业有限公司	20 000	新建	绿建区
39	绿建区屋顶分布式光伏发电	利用已有厂房,建设容量77.6MW并网型太阳能光伏发电系统,形成年均上网电量7 512.7万kW·h的规模	江苏武进绿色建筑产业投资有限公司	65 000	新建	绿建区

续表

序号	项目名称	项目概况	实施主体	计划总投资/万元	建设性质	属地
40	江苏省绿建博览园三期	项目用地70亩,建筑面积2万平方米,包含商业配套、研发中心、孵化器及配套景观	江苏武进绿锦建设有限公司	10 000	新建	绿建区
41	绿色建筑研发中心	用地90亩,建筑面积14.7万平方米,建设研发中心、标准厂房、职工公寓等	江苏绿色建筑产业投资有限公司	60 000	续建	绿建区

附录3 常州市武进双创示范基地载体平台一览表

序号	名称	成立时间/年
	孵化器	
1	武进高新技术创业服务中心	2004
2	常州市国家大学科技园	2009
3	江苏武进西太湖国际智慧园(常州西太湖建设发展有限公司)	2011
4	江苏津通创业投资有限公司	2012
5	长江龙城科技有限公司	2014
6	江苏长三角模具城	2008
7	常州滨湖低碳科技创业中心	2010
8	常州天安数码城科技创业服务中心	2011
9	大连理工大学常州科技创业园	2012
10	常州西太湖医疗产业科技企业加速器(常州市伟驰建设发展有限公司)	2014
11	江南石墨烯高新技术创业服务中心	2015
12	北京化工大学常州科技企业孵化基地	2015
13	常州加州科技港电子软件专业孵化器	2014
14	常州经纬色织科技创业服务中心	2010

续表

序号	名　　称	成立时间/年
15	南京大学常州科教城科创中心	2011
16	常州信息技术创业中心	2011
17	武进生物科技中心	2011
18	常州铭赛机器人产业孵化基地	2012
19	常州市鼎泰科技园	2012
20	江苏恒润电子电气科技创业园	2012
21	东方创新园	2013
22	东方高科园	2013
23	常州市佳胜科技创业园	2013
24	江苏东渊科技创业园	2014
25	常州市新型装饰板材生产力促进中心	2014
26	常州市武进工业设计园	2014
创新平台		
1	江南现代工业研究院	2010
2	常州西南交通大学轨道交通研究院	2010
3	北京化工大学常州先进材料研究院	2011
4	大连理工大学常州研究院	2012
5	机械科学研究总院江苏分院	2012
6	江苏省绿色催化材料与技术重点实验室	2012
7	江苏中科院智能科学技术研究院	2013
8	江苏省知识产权公共服务平台网络	2013
9	江苏省产业技术研究院碳纤维应用技术预备研究所	2014
10	江苏省智能装备产业技术创新中心	2014
11	江苏省产业技术研究院机器人与智能装备技术研究所	2015
12	江苏省产业技术研究院医药生物技术研究所	2015
13	湖南大学常州机械装备研究院	2015

续表

序号	名　称	成立时间/年
院士工作站		
1	常州善美药物研究开发中心有限公司	2008
2	常州铭赛机器人科技有限公司	2009
3	创生医疗器械(中国)有限公司	2009
4	常州华通焊业股份有限公司	2009
5	今创集团有限公司	2009
6	江苏新瑞戴维布朗齿轮系统有限公司	2010
7	常州博瑞电力自动化设备有限公司	2010
8	江苏常宝钢管股份有限公司	2010
9	常州无线电厂有限公司	2010
10	南车戚墅堰机车车辆工艺研究所有限公司	2010
11	南车戚墅堰机车有限公司	2010
12	江苏兰陵化工集团有限公司	2010
13	中天钢铁集团有限公司	2010
14	常州博万达汽车安全设备有限公司	2011
15	常州市润源经编机械有限公司	2013
16	福隆医用材料(中国)有限公司	2015
博士后工作站		
1	今创集团有限公司国家级博士后科研工作站	2008
2	南车戚墅堰机车有限公司国家级博士后科研工作站	2009
3	常州华通焊业股份有限公司省级博士后科研工作站	2009
4	常州安格特新材料科技有限公司国家级博士后科研工作站	2010
5	创生医疗器械(中国)有限公司博士后创新实践基地	2010
6	江苏南方轴承股份有限公司博士后创新实践基地	2011
7	瑞声科技(常州)有限公司博士后创新实践基地	2012

续表

序号	名　　称	成立时间/年
8	南车戚墅堰机车车辆工艺研究所有限公司国家级博士后科研工作站	2013
9	新誉集团有限公司博士后工作站	2013
10	江苏常宝钢管股份有限公司省级博士后科研工作站	2014
11	江苏龙城精锻有限公司博士后创新实践基地	2014
12	江苏润源控股集团有限公司博士后科研工作站	2015
企业工程中心		
1	江苏省聚碳酸酯工程中心	2010
2	江苏省特种工程塑料改性及应用技术工程中心	2012
3	江苏省慢性肺部疾病创新药物工程中心	2012
4	江苏省太阳能光热发电工程中心	2013
5	江苏省高压油缸工程中心	2013
6	江苏省发动机零部件近净成形工程中心	2014
7	江苏省半导体照明工程实验室	2014
8	江苏省轨道交通牵引传动控制系统工程中心	2015
9	江苏省石墨烯制备及应用技术工程实验室	2015
10	江苏省核电站用大型液压阻尼器制造及测试工程中心	2015
企业技术中心		
1	南车戚墅堰机车有限公司国家企业技术中心	2010
2	南车戚墅堰机车车辆工艺研究所有限公司国家企业技术中心	2013
3	江苏常发农业装备股份有限公司国家企业技术中心	2013
4	江苏江南实业集团公司省级企业技术中心	2007
5	常州市牛塘化工有限公司省级技术中心	2007
6	常州华通焊业股份有限公司省级技术中心	2009
7	江苏常宝钢管股份有限公司省级技术中心	2009
8	江苏旷达汽车织物集团有限公司省级技术中心	2010

续表

序号	名　　称	成立时间/年
9	江苏新瑞齿轮系统有限公司省级技术中心	2010
10	灵通展览系统股份有限公司省级技术中心	2010
11	江苏长海复合材料股份有限公司省级技术中心	2010
12	江苏新洛凯机电有限公司省级技术中心	2010
13	江苏龙城精锻有限公司省级技术中心	2011
14	常州市润源经编机械有限公司省级技术中心	2011
15	江苏新誉重工科技有限公司省级技术中心	2011
16	江苏南方通信科技有限公司省级技术中心	2011
17	中天钢铁集团有限公司省级技术中心	2011
18	江苏海鸥冷却塔股份有限公司省级技术中心	2011
19	国茂减速机集团有限公司省级技术中心	2012
20	常州市武进五洋纺织机械有限公司省级技术中心	2012
21	江苏智思机械集团有限公司省级技术中心	2012
22	常州新东方电缆有限公司省级企业技术中心	2012
23	常州市腾田液压机械有限公司省级企业技术中心	2012
24	江苏恒立高压油缸股份有限公司省级技术中心	2013
25	顺风光电科技有限公司省级技术中心	2013
26	江苏迪邦三星轴承有限公司省级技术中心	2013
27	常州强力电子新材料股份有限公司省级技术中心	2013
28	江苏恒耐炉料集团有限公司省级技术中心	2013
29	常州凯达重工科技有限公司省级技术中心	2013
30	常州翔宇资源再生科技有限公司省级技术中心	2013
31	常州乐士雷利电机有限公司省级企业技术中心	2013
32	常州腾龙汽车零部件股份有限公司省级技术中心	2013
33	江苏兰陵化工集团有限公司省级技术中心	2013
34	江苏亚邦染料股份有限公司省级技术中心	2013
35	今创集团有限公司省级技术中心	2013

续表

序号	名　　称	成立时间/年
36	江苏武进建工集团有限公司省级建筑企业技术中心	2014
37	江苏益联投资集团有限公司省级物流企业技术中心	2014
38	江苏亚邦医药物流中心有限公司省级物流企业技术中心	2014
39	江苏河马井股份有限公司省级技术中心	2014
40	常州市蓝托金属制品有限公司省级技术中心	2014
41	常州电站辅机总厂有限公司省级技术中心	2014
42	瑞声光电科技（常州）有限公司省级技术中心	2014
43	常州南方轴承有限公司省级技术中心	2014
44	中韩科技有限公司省级技术中心	2014
45	常州苏特轴承制造有限公司省级技术中心	2014
46	江苏亚示照明灯具有限公司省级技术中心	2015
47	江苏天常复合材料股份有限公司省级技术中心	2015
48	中铁建电气化局集团轨道交通器材有限公司省级技术中心	2015
49	江苏新科电器有限公司省级技术中心	2015
50	常州市钱璟康复器材有限公司省级技术中心	2015
51	三鑫重工机械有限公司省级技术中心	2015
52	江苏瓯堡纺织染整有限公司省级技术中心	2015
53	江苏南方卫材医药股份有限公司省级技术中心	2015
54	新誉集团有限公司省级技术中心	2015
55	常州博瑞电力自动化设备有限公司省级技术中心	2015
工程技术研究中心		
1	江苏省轨道车辆牵引传动工程技术研究中心	2003
2	江苏省数控机床工程技术研究中心	2005
3	江苏省烟草成套设备工程技术研究中心	2009
4	江苏省高精密轴承工程技术研究中心	2009
5	江苏省电声工程技术研究中心	2009

续表

序号	名 称	成立时间/年
6	江苏省汽车零部件精密锻造工程技术研究中心	2009
7	江苏省焊接材料工程技术研究中心	2009
8	江苏省轨道车辆内饰装备工程技术研究中心	2009
9	江苏省展览展示器材工程技术研究中心	2009
10	江苏省专用不饱和聚酯树脂工程技术研究中心	2009
11	江苏省高纯合金工程技术研究中心	2009
12	江苏省轨道交通牵引装备工程技术研究中心	2010
13	江苏省轨道交通关键零部件与材料工艺工程技术研究中心	2010
14	江苏省专用特种钢管工程技术研究中心	2010
15	江苏省西服工程技术研究中心	2010
16	江苏省特种电线电缆工程技术研究中心	2010
17	江苏省轨道交通养路机械工程技术研究中心	2010
18	江苏省链传动数字化设计与制造工程技术研究中心	2010
19	江苏省特种玻璃纤维复合材料工程技术研究中心	2010
20	江苏省有机废弃物资源化处理工程技术研究中心	2010
21	江苏省钢结构重防腐防火涂料工程技术研究中心	2010
22	江苏省车用自动清洗系统工程技术研究中心	2010
23	江苏省经编机运动控制系统工程技术研究中心	2010
24	江苏省海工装备重防腐涂料工程技术研究中心	2010
25	江苏省减速机传动机械工程技术研究中心	2010
26	江苏省齿轮传动与控制工程技术研究中心	2010
27	江苏省可降解微创骨科植入物工程技术研究中心	2010
28	江苏省超高压油缸小型化轻量化设计工程技术研究中心	2010
29	江苏省齿轮传动与控制工程技术研究中心	2010
30	江苏省种猪分子选育工程技术研究中心	2010
31	江苏省多功能高产塑料编织拉丝机工程技术研究中心	2010
32	江苏省高性能汽车空调管路工程技术研究中心	2010

续表

序号	名　　称	成立时间/年
33	江苏省超大型高效节能冷却塔工程技术研究中心	2010
34	江苏省多轴向产业用经编设备工程技术研究中心	2010
35	江苏省优质鸡工程技术研究中心	2011
36	江苏省高性能光学薄膜材料工程技术研究中心	2011
37	江苏省(春晖)生态奶业工程技术研究中心	2011
38	江苏省冷链物流设备与材料工程技术研究中心	2011
39	江苏省纳米活性炭酸钙工程技术研究中心	2011
40	江苏省(钱璟)康复器材工程技术研究中心	2012
41	江苏省高端液压及成套设备工程技术研究中心	2012
42	江苏省(容天乐)汽车特种轴承工程技术研究中心	2012
43	江苏省粉末涂料工程技术研究中心	2012
44	江苏省新型透皮制剂工程技术研究中心	2012
45	江苏省(天华)光伏智能化装备工程技术研究中心	2012
46	江苏省柔性输变电装备工程技术研究中心	2013
47	江苏省船用高压阀门工程技术研究中心	2013
48	江苏省纺织成套新装备及牵伸专件工程技术研究中心	2013
49	江苏省轨道车辆内饰配件工程技术研究中心	2013
50	江苏省药用软包装功能新材料工程技术研究中心	2013
51	江苏省高强度纤维复合材料工程技术研究中心	2013
52	江苏省半导体敏感材料和元器件工程技术研究中心	2013
53	江苏省锡焊自动化工程技术研究中心	2013
54	江苏省固废无害化和资源化工程技术研究中心	2014
55	江苏省功能型橡塑复合新材料工程技术研究中心	2014
56	江苏省数控功能部件工程技术研究中心	2014
57	江苏省汽车安全智能约束系统工程技术研究中心	2014
58	江苏省数字化三维打印植入物工程技术研究中心	2014

续表

序号	名　　称	成立时间/年
59	江苏省微型 LED 封装应用工程技术研究中心	2014
60	江苏省轨道车辆空调系统工程技术研究中心	2014
61	江苏省高效 N 型太阳能电池及其应用工程技术研究中心	2014
62	江苏省大型塑料检查井系统工程技术研究中心	2014
63	江苏省绿色节能纺织机械工程技术研究中心	2014
64	江苏省数控功能部件工程技术研究中心	2014
65	江苏省功能型橡塑复合新材料工程技术研究中心	2014
66	江苏省环保节能新型柴油机工程技术研究中心	2014
67	江苏省助行类康复辅具工程技术研究中心	2014
68	江苏省配电安全智能监控装备工程技术研究中心	2014
69	江苏省工程机械用特种轴承工程技术研究中心	2014
70	江苏省微特电机工程技术研究中心	2015
71	江苏省智能型断路器工程技术研究中心	2015
72	江苏省数控机床关键功能部件工程技术研究中心	2015
73	江苏省风电及轨道交通用微特电机工程技术研究中心	2015
74	江苏省焊接防护装备工程技术研究中心	2015
75	江苏省铜合金电气材料工程技术研究中心	2015
76	江苏省轨道交通装备工程技术研究中心	2015
77	江苏省汽车进排气系统零部件工程技术研究中心	2015
78	江苏省微电机高效自动化装备工程技术研究中心	2015
79	江苏省快速热循环注塑成型工程技术研究中心	2015
80	江苏省汽车用绿色涂料工程技术研究中心	2015
81	江苏省高导热石墨膜工程技术研究中心	2015

附录4　常州市武进双创示范基地扶持政策一览表

序号	名称	文号
1	江苏省新兴产业倍增计划	苏政发〔2010〕97号
2	关于加快引进和培育领军型创新创业人才的意见	常发〔2011〕18号
3	关于推进十大产业链建设加快发展战略性新兴产业的实施意见	常发〔2013〕25号
4	关于全面深化"龙城英才计划"加快推进苏南人才名城建设的意见	常发〔2013〕27号
5	常州市关于实施创新驱动战略加快培育创新型企业的实施意见	常发〔2013〕29号
6	关于加大领军人才项目支持力度推进十大产业链建设的实施意见	常人才〔2014〕2号
7	关于领军人才创新创业特别支持项目申请、确定和政策兑现的实施办法	常人才〔2014〕3号
8	关于领军人才创新创业重点支持项目申请、确定和政策兑现的实施办法	常人才〔2014〕4号
9	关于领军人才创新创业优先支持项目申请、确定和政策兑现的实施办法	常人才〔2014〕5号
10	关于领军人才创新创业培育支持项目申请、确定和政策兑现的实施办法	常人才〔2014〕6号
11	关于建设常州苏南国家自主创新示范区的实施意见	常发〔2015〕17号
12	关于发展众创空间推进大众创新创业的实施方案（2015—2020）	常办发〔2015〕42号
13	关于实施"三位一体"发展战略促进工业企业转型升级专项资金管理办法	常经信投资〔2014〕220号、常财工贸〔2014〕50号
14	常州市科技服务业发展专项行动计划	—
15	产业培育战役工作方案	武发〔2014〕43号
16	关于加快先进碳材料产业发展的若干政策	武办发〔2014〕57号

续表

序号	名称	文号
17	关于鼓励和促进科技创新、加快创新型武进建设的若干政策	武办发〔2014〕66号
18	关于发展众创空间推进大众创新创业的实施方案（2015—2020）	武办发〔2015〕98号
19	关于加快半导体照明联合创新国家重点实验室（常州基地）发展的意见	武政办发〔2014〕118号
20	关于全面深化"武进英才计划"加快推进"人才强区"建设的意见	武委人〔2014〕1号
21	加快促进全区工业设计产业发展扶持办法实施细则	武经信发〔2013〕136号、武财工贸〔2013〕30号
22	关于加快创新驱动推进转型升级的奖励意见	武新区发〔2012〕51号
23	关于鼓励企业上市、资产重组的奖励意见	武新区发〔2013〕25号
24	武进国家高新区新三板企业挂牌奖励实施细则	武新区发〔2014〕15号
25	关于鼓励自主创新、促进科技发展的若干意见	武新区发〔2014〕29号
26	武进国家高新区助才成长行动实施细则（试行）	武新区发〔2014〕52号
27	关于鼓励和促进科技创新、加快众创空间建设的试行办法	武新区发〔2015〕18号
28	关于加快培育小微企业发展的奖励意见	武新区委发〔2012〕53号
29	武进国家高新区进一步促进企业上市及新三板挂牌工作的实施意见	武新区委发〔2015〕51号
30	关于实施转升级"321"行动计划的意见	武经开发〔2012〕7号
31	关于鼓励金融企业集聚发展和园区企业上市并购重组及加快新三板挂牌的若干意见	常西科发〔2013〕60号
32	常州市科教城鼓励争创国家高新技术企业奖励办法（试行）	常科教城发〔2014〕10号
33	常州科教城关于大力实施"333"工程的意见	常科教城发〔2014〕26号
34	常州科教城推进"358"计划支持企业发展办法（试行）	常科教城发〔2014〕33号

续表

序号	名称	文号
35	常州科教城关于开展江苏省科技成果转化风险补偿专项资金贷款(苏科贷)工作实施办法(试行)	常科教城发〔2014〕34号
36	关于鼓励企业加快科技创新的实施意见	常戚政〔2012〕38号
37	关于鼓励引导企业加快融入资本市场工作的意见	常戚政〔2014〕31号
38	武进绿建区关于加快引进科研创新机构及区域总部的若干意见	武绿建委发〔2014〕5号

第五章

企业视角
——常州市隐形冠军企业创新发展现状与路径研究

十八届五中全会报告中提出要"释放新需求,创造新供给",习近平总书记进一步提出"着力提高供给体系质量和效率,增强经济持续增长动力。"由德国著名管理大师提出的隐形冠军企业正是专注与聚焦于某一细分领域,深度挖掘细分领域的客户需求,提供优质供给的企业。随着《制造业单项冠军企业培育提升专项行动实施方案》(工信部产业〔2016〕105号)等国家举措的推出,政府对于隐形冠军企业的发展越来越重视,隐形冠军企业的培育与提升,有利于引导企业树立"十年磨一剑"的精神,走"专特优精"发展道路,有利于贯彻落实《中国制造2025》,突破制造业关键重点领域,促进制造业迈向中高端,有利于在全球范围内整合资源,占据全球产业链主导地位,提升制造业国际竞争力。

常州市是苏南国家自主创新示范区、苏南现代化建设示范区、长江经济带等国家战略部署的重要节点城市,是国家产城融合重要试点城市,是中国民族工商业发祥地和"苏南模式"的发源地之一,在乡镇企业、民营经济等诸多领域的发展开全国先河。围绕"打造十大产业链",常州市已经初步形成了智能装备、新能源、新材料等基础雄厚、特色鲜明的产业基地,在众多细分领域已经培育了200多家隐形冠军企业。

对常州市隐形冠军企业进行研究、掌握隐形冠军企业的发展模式、分析隐形冠军企业发展的关键影响因素、探索隐形冠军企业的创新路径,对于常州制造业迈向中高端、智能制造名城建设、常州市产业供给质量提升、常州市经济发展转型升级、常州市核心竞争能力的持续提升具有重要意义。

第一节　常州市隐形冠军企业创新发展现状研究

隐形冠军企业是德国著名管理大师西蒙提出的概念,指长期专心致志耕耘于某一细分领域,虽然几乎不为大众所熟知,但在所属行业具有较高知名度并占据很高市场份额的企业。一般来说,隐形冠军企业具有技术工艺水平较高、产品质量精益求精、内部管理规范高效等特征,能够深度挖掘并满足细分领域客户的需求,它的多少也是衡量一个国家或地区制造业发展层次和质量的重要标志。当前,常州正处在推进转型升级、加快动能转换的关键时期,尽管常州产业基础良好,民营企业众多,并且经过多年发展,已经在智能装备、新能源、新材料等领域培育了200多家隐形冠军企业,但是与产业加速向中高端迈进的迫切需求相比,隐形冠军企业数量仍然偏少,占全市企业总数的比例还比较低,带动产业发展的能力仍有待进一步提升。因此,按照供给侧结构性改革和中国制造2025规划纲要的要求,如何更好地引导和推动面广量大的中小企业向隐形冠军企业发展,切实筑牢智能制造名城建设的根基,已成为常州经济和产业发展亟待解决的问题。围绕这一方向,近期常州大学、常州市科技局联合组成课题调研组,对全市66家隐形冠军企业进行了问卷调查,同时实地走访调研了部分企业,在此基础上深入对我市隐形冠军企业开展研究,并提出相关建议。

一、常州市隐形冠军企业经营现状和国际化分析

根据对66家隐形冠军企业的问卷调查,从统计结果可知,2013年66家隐形冠军企业收入222亿,利润为22.3亿;2014年66家隐形冠军企业收入为219亿,利润为21.9亿;2015年66家隐形冠军企业收入为233亿,利润为26.2亿(常州市隐形冠军企业收入利润走向图如图5.1所示)。分析表明,2013年至2014年总利润和总收入呈下降趋势,2014年至2015年则大幅上升。这说明,隐形冠军企业近几年发展状况有所波动,2015年开始逐渐稳步向上发展。

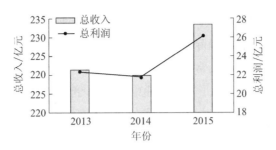

图 5.1　常州市隐形冠军企业收入利润走向图

根据问卷统计,在常州 66 家隐形冠军企业中,国内细分市场占有率在 60% 以上的企业有 17 家,国内细分市场占有率在 20%～60% 之间的企业有 22 家,国内细分市场占有率在 20% 以下的企业有 15 家,常州市隐形冠军企业国内市场占有情况如图 5.2 所示。分析表明,常州市隐形冠军企业国内市场占有率多数集中在 30% 以下,少部分企业市场占有率在 60% 以上,这两种企业占总企业数量的 81%;而只有极少部分企业,国内市场占有率在 30%～60%。这些数据反映出,常州市隐形冠军企业整体上还处在发展阶段,而发展得较为成功的大型企业很少,尽管有不少企业市场占有率在所属行业排名靠前,但市场份额不尽如人意,难以达到类似于德国隐形冠军企业市场占有率的标准,这就需要企业进一步加快发展,努力扩大市场份额,争取将国内市场的占有率提升到 40% 以上。

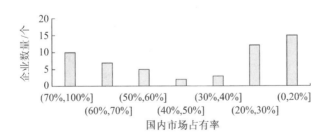

图 5.2　常州市隐形冠军企业国内市场占有情况

从收集的问卷数据的统计结果可知,调查的 66 家隐形冠军企业中,国际市场占有率在 40% 以上的企业有 6 家,国际市场占有率在 10%～40% 之间的企业有 12 家,国际市场占有率在 10% 以下的企业有 14 家。根据分析可知在国际市场中,市场占有率在40%以上的企业比较少,只占到总企业数量的18%,大多数企业国际市场占有率都集中在10%以下,这类企业数量占到总企业数量的34%,常州市隐形冠军企业国际市场占有情况如图5.3所示。这说明,常州市隐形冠军企业中,只有少部分企业的国际市场占有率高,大部分企业的国际市场占有率都在40%以下,甚至10%以下。

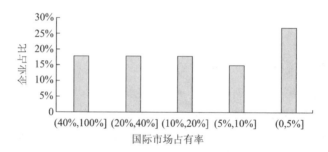

图5.3　常州市隐形冠军企业国际市场占有情况

根据调查问卷的统计分析表明,2013年至2014年,海外出口额有明显上升,从42.5亿上升到46亿,出口额占总收入之比也有所上升,从19%上升到21%;2014年至2015年,海外出口额和出口额占比都有大幅下降,海外出口额从46亿下降到41.3亿,出口额占比则从21%下降到17.7%。常州市隐形冠军企业海外出口额及出口额占比走势图如图5.4所示。

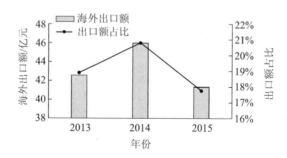

图5.4　常州市隐形冠军企业海外出口额及出口额占比走势图

二、常州市隐形冠军企业创新现状分析

通过对66家隐形冠军企业调查问卷数据分析可知,常州市隐形冠军企业总研发资金占总收入之比三年来基本稳定,2013年至2015年占比分别为

4.19%、4.16%、4.18%；根据问卷统计数据分析可知,2013年至2015年,大部分隐形冠军企业的研发资金占比集中在3%~7%之间,而普通企业的研发资金投入占比一般是1%~1.5%,可以看出,常州市隐形冠军企业非常重视对产品的研发,他们在研发资金上的投入是普通企业的两到七倍。根据问卷数据分析可知,2013年,常州市隐形冠军企业总研发人员为0~50人的企业有39家,为50~100人的企业有13家,为100~150人的企业有5家,为150~200人的企业有4家,为200人以上的企业有5家;2014年,分别为40家、11家、5家、5家和5家;2015年分别为38家、15家、3家、3家和7家;从研发人员数量走势图(图5.5)中可以看出,三年来,研发人员为50人以下以及150~200人的企业数量略有降低,而研发人员为50~100人及200人以上的企业数量略有增加,这说明了常州市隐形冠军企业正逐渐重视研发人员的投入,加大研发人员的数量,但从增幅可以看出,这几年的研发人员数量基本保持平稳。研发资金比例高;研发人员数量略微上升,基本保持不变,从这两点可以看出,隐形冠军企业非常重视产品的研发。

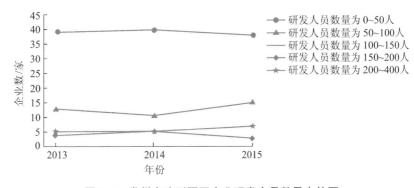

图5.5 常州市隐形冠军企业研发人员数量走势图

通过调查问卷数据整理可知,2013年至2015年,常州市隐形冠军企业收到市县级政府科技奖励金额分别为1 088.11万元、1 117.478万元、1 575.1万元;收到省级政府科技奖励金额分别为1 543.04万元、2 392.18万元、2 325.26万元;收到国家级政府科技奖励金额分别为1 518万元、1 462万元、653万元。2013年至2015年,受到市县级政府科技奖励的企业数量分别为28家、31家、30家;受到省级政府科技奖励的企业数量分别为

13家、12家、14家;受到国家级政府科技奖励的企业数量分别为4家、3家、3家。由问卷收集的政府对企业的科技奖励金额(图5.6)和受到科技奖励的企业数量(图5.7)的样本数据可知,市县级奖励金额逐年上升,省级奖励金额在近三年来也有不小增幅,但国家级奖励金额却有小幅度下滑;受到科技奖励的企业数量三年来都比较稳定,受到国家级科技奖励的企业数量还略有上升;2013年至2015年受到市县级科技奖励的企业数量远超过受到国家级科技奖励的企业,而受到国家级科技奖励的企业被奖励总额远超过受到市县级科技奖励的企业被奖励总额。这就表明常州市隐形冠军企业的科技创新能力还有很大的提升空间,而政府也需要加大对企业科技创新的政策奖励力度,以支持隐形冠军企业的科技创新。

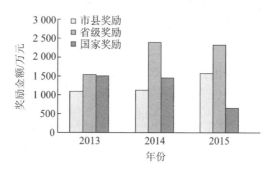

图5.6 2013—2015年政府对常州市隐形冠军企业的科技奖励金额图

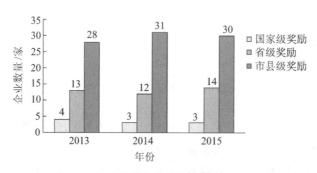

图5.7 2013—2015年受到科技奖励的常州市隐形冠军企业数量图

通过对66家隐形冠军企业专利授权情况分析可知,2013年至2015年,66家隐形冠军企业授权专利总数分别为1 120件、1 175件、1 380件,发明专利总数分别为142件、162件、133件。从专利授权状况图(图5.8)中可以看出,三年来,授权专利总数、发明专利总数呈逐年上升趋势。仍然有部分隐形冠军企业,尤其是小企业,特别富有开创精神,但拥有的专利却不多,需要政府加强引导使隐形冠军企业进一步增强知识产权保护意识。

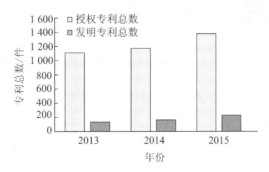

图5.8　2013—2015年常州市隐形冠军企业专利授权状况图

对隐形冠军企业来说,科技创新是一项中心工作,技术是隐形冠军企业得以占据市场领先地位和拥有竞争优势的最重要因素,只有加强科技创新、技术创新才能让隐形冠军企业走在行业前列,获得更多利润与发展。

三、常州市隐形冠军企业总体盈利分析

在盈利方面,通过对66家隐形冠军企业调查问卷数据分析可知,2013年至2015年,常州市隐形冠军企业总利润相对稳定,分别是22.34亿元、21.87亿元、26.1亿元。总利润在500万元~10 000万元的隐形冠军企业,从2013年占比44%到2014年、2015年占比47%,说明大部分隐形冠军企业利润值比较稳健;有少部分企业从负利润、低利润变为中等利润,这类企业在行业中的发展越来越成熟,逐渐步入正轨;但是仍然有部分企业尽管市场占有率排名靠前,但仍然处于亏损状态。2015年常州市隐形冠军企业盈利情况分布图如图5.9所示。利润稳健型和利润增长型的企业都应该继续坚持现在的发展方向,努力汲取外部企业优秀的发展经验,适当对企业内部做出调整,让企业发展得越来越好;利润率相对较低的隐形冠军企业应该进一步强化管理,降低企业运营成本,围绕市场需求、结合企业实际转型升级实现价值链向中高端的攀升。

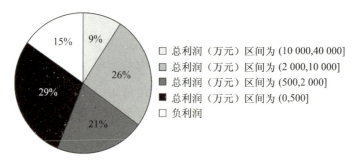

图 5.9　2015 年常州市隐形冠军企业盈利情况分布图

2013 年至 2015 年,常州市 66 家隐形冠军企业总收入之和分别是 221.37 亿元、219.79 亿元、233.51 亿元。2015 年常州市隐形冠军企业总收入情况分布图如图 5.10 所示。2013 年至 2015 年,年营业收入超过 40 000 万元的企业分别占 24%、27%、29%,呈逐年上涨趋势,有越来越多的隐形冠军企业从中小型企业向大型企业转变。从收入均值上来看,三年均在 34 000 万元左右徘徊,表明常州隐形冠军企业绝大部分是中小型企业。

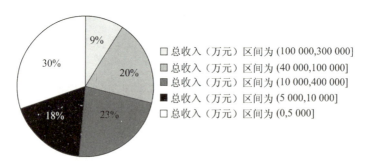

图 5.10　2015 年常州市隐形冠军企业总收入情况分布图

第二节　常州市隐形冠军企业创新发展影响因素研究

隐形冠军企业已经成为常州市经济发展中的中坚力量,为了探索分析常州市隐形冠军企业发展的影响因素。课题组设计出常州市隐形冠军企业发展影响因素测度表(见附录2),主要从市场开拓、技术创新、企业家精神等方面,以问卷的形式对隐形冠军企业展开调查,共下发问卷 100 分,回收有效问卷

66份。

通过整理分析收集到的66份"影响隐形冠军企业发展因素"的测度表,将影响隐形冠军企业发展的因素分为三大部分,分别是市场开拓(在行业细分市场有领导地位、专注于某一特定产品市场、与客户维持密切的关系、优质的客户服务、有一流的市场营销机构)、技术创新(拥有核心技术、具有成本优势、产品技术含量高、有较强的成本优势、有强大的研发团队、有一系列核心产品)、企业家精神(有勇夺第一和追求最佳的信念、高度重视企业接班人选拔、领导风格倾向于权威式、领导风格倾向于参与式)。在划分的三种影响因素的基础上,通过加权求平均值,计算出66份测度表中市场开拓、技术创新及企业家精神的影响能力分别为269.8、278.3及255.25,由此可见技术创新能力是影响隐形冠军企业发展的重要因素,其次为市场开拓和企业家精神。

一、市场开拓因素分析

通过整理66份有效调查问卷的测度表,将测度表中关于隐形冠军企业市场开拓的所有相关因素的得分进行相加,得到该影响因素的总体得分,再将每一个与市场开拓相关的因素的得分各自相加,得到单一影响因素的得分,最后用每一个影响因素的得分与总体得分相比,得到每一个因素对隐形冠军企业进行市场开拓的影响程度。通过分析可知,在影响企业市场开拓的众多因素中,与客户维持密切的关系及优质的客户服务被认为是隐形冠军企业开拓市场的重要因素,各占总影响因素的21.05%。另外,在行业细分市场占有领导地位占19.79%,有一流的市场营销机构占19.3%,专注于某一特定产品市场占18.75%,各影响因素所占比例如图5.11所示。

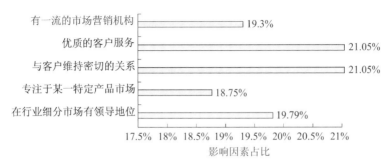

图5.11 市场开拓影响因素比例分布

经分析测度表中隐形冠军企业的市场开拓情况可知,市场是企业的第一需要,有了市场企业才能生存,只有不断拓展市场,企业才能不断发展,拓展国内外市场是隐形冠军企业的重要任务。重视客户满意度,以客户的满意度为出发点是隐形冠军企业考虑管理问题的着眼点,良好的客户关系可以使企业长期获取稳定的利润,但是当企业只将目光聚焦于自身利益时,就忘记了利润的来源是客户,而满足客户的实际需求才是企业应该努力的方向,因此隐形冠军企业必须变以企业为中心为以客户为中心,无论是其目标、运作流程还是企业文化都应该充分体现这一点,这是建立基于客户关系管理的企业管理模式的根本。

二、技术创新因素分析

采用与上文同样的方法整理 66 份有效调查问卷的测度表中与隐形冠军企业技术创新相关的因素,得到每一个因素对隐形冠军企业技术创新能力的影响程度。经分析可知,在众多影响隐形冠军企业技术创新的因素中,拥有核心技术占 18.2%,被认为是影响企业技术创新的最重要的因素;有一系列核心产品占 17.13%;产品技术含量高占 17.07%;有强大的研发团队占 16.59%;具有成本优势占 16.17%;有较强的成本优势占 14.85%。各影响因素所占比例如图 5.12 所示。

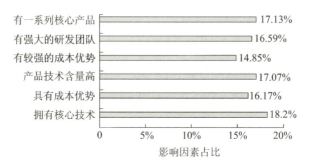

图 5.12 技术创新影响因素比例分布

根据上文的分析可知,拥有核心技术是影响隐形冠军企业的最重要的因素,技术上的创新在产品生产方法的改进和工艺的提高过程中起着举足轻重的作用。一方面技术创新提高物质生产要素的利用率,减少投入;另一方面通过引入先进设备和工艺可降低成本。在企业的竞争中,成本和产品的差异化一直都是核心因素,如果隐形冠军企业能够充分利用其创新的能量,就一定能在市场中击败对手,占据优势地位。因此,在技术创新的过程中,必须通过建立良好的市场环境和政策条件,才能充分激发企业创新的内在动力,为企业创造最大价值。

三、企业家精神因素分析

通过分析66份测度表,与隐形冠军企业的企业家精神相关的因素主要包括有勇夺第一和追求最佳的信念、高度重视企业接班人选拔、领导风格倾向于权威式和领导风格倾向于参与式等几个方面。根据分析可知,在影响企业家精神的众多因素中有勇夺第一和追求最佳的信念、高度重视企业接班人选拔对企业家精神的影响较大,分别占29.48%和25.27%,各影响因素所占比例如图5.13所示。

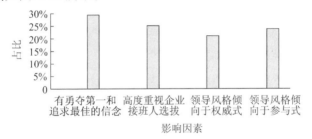

图5.13 企业家精神影响因素比例分布

隐形冠军企业追求最佳的信念是其在长期的生产经营管理实践中,根据自身所处的全部社会条件和活动内容,所积累的知识、经历、经验、能力及特定的需要,经过深思熟虑而逐渐形成的坚定不移的观念。因此,相关部门要把企业管理与企业信念放到重要的位置,并且给予充分的重视,才能通过不断的努力把企业管理提高到一个新的水平,为企业的发展提供充分的支持。

通过比较权威式领导与参与式领导所占比例,得出在所有调查的隐形冠军企业中,管理者倾向于权威式领导的企业占47%,管理者倾向于参与式领导的企业占53%,虽然两种管理方式的差别不是很大,仍可发现隐形冠军企业中大多数管理者都倾向于参与式管理。企业家精神是企业文化形成的前提条件,企业家精神的持续发展也影响着企业文化的不断变革,企业家精神扩散为企业文化的过程要受到多种因素的影响,只有通过组织学习,企业家精神才有可能被全体员工接受和认同,变成整个企业的共同价值观体系。

第三节 常州市隐形冠军企业创新发展典型案例分析

一、瑞声科技:技术创新—国际化战略—资本运作

瑞声科技集团始创于1988年,依靠二十多年的创新发展,公司由生产警示发声用的讯响器件起步,从一家名不见经传的乡镇企业一跃成为享誉全球的国际电声行业一流企业、国内电声界的龙头企业。集团在移动通信上的微型电声器件类产品的市场占有率居全球同行业第一,已拥有苹果、三星、戴尔、IBM、华为、中兴、小米、天语、海尔、长虹、TCL等一大批国内外著名电子资讯厂商客户,并且在国内外设置工厂或销售中心。集团公司于2005年在香港主板成功上市,公司最新市值超800亿元。

1. 技术创新驱动,乡镇企业到电声巨子

(1) 依靠技术创新,掘取第一桶金

1976年至1988年,潘中来先生先后任武进庙桥无线电元件厂厂长、生产技术厂长兼新品开发负责人,长期从事新产品的研制和开发。潘中来掌握了许多新材料的应用知识,在13年创办集体企业的生涯中,亲身经历了低端电子零件产品恶性价格竞争给企业带来的风险和危机,对技术创新的认识尤为深刻。1988年在政府兴办民营经济的宽松政策下,潘中来先生抓住机遇,开办了武进特种电子器材厂(瑞声科技前身)并坚持科技办厂,创业初期他身兼多职,既负责产品开发,也负责市场开拓,还要负责工厂的日常管理,为工厂的发展倾注了全部的心血。凭借之前十多年积累的电子技术和与时俱进不断开拓创新的进取精神,潘中来研制出只有日本的西铁城公司能做的HC-12电磁式讯响器,这一研发成果甚为轰动,获得了地方政府的科技进步大奖,1989年,特种电子器材厂实现销售390万元,净利润达到200万元,随后两年潘中来先生被人尊称为"中国的讯响器大王"。"瑞声科技"成功淘得了"第一桶金",此后,技术出身的潘中来厂长敏锐的市场洞察力更是日益显现。

(2) 致力产品研发,叩开国际市场大门

20世纪90年代,瑞声科技集团开始提前为产业转型做准备。潘中来董

事长说:"我们的产品要进入国际市场,必须紧跟市场的发展潮流,要提高产品的技术含量和质量。"

当时,摩托罗拉翻盖手机已在市场有售,但国内市场还刚刚起步,国外发达国家也没有普及。手机从原有的"大砖块"变得精致小巧,这让潘董事长看到了商机。他告诉儿子,手机体积变小,内置喇叭肯定也会被要求做得越来越小,这就是我们的商机。

一个机遇恰巧摆在眼前。1997年,与摩托罗拉合作的日本公司不愿意为他们单独研发一套微型的扬声器、受话器新品种。为了争取到第一个有影响的大客户,潘董事长硬着头皮接下这个艰巨的研发任务。

对方只给了半个月时间,公司立即找到了在我国电声研究领域较权威的南京大学,并把南大的老教授请到了美国芝加哥。15天后,当研发的新产品得到摩托罗拉公司的认可时,潘董事长知道,公司的一只脚已跨入了国际市场的门槛。

随后,经过不断努力,瑞声科技公司以低价格、高品质的产品迅速成为国际多家高端通信公司的供应商,最终占领全球声学电器领域35%的市场,并由此成为具有创新研发与大批量生产能力的国际知名微型发声器件供应商。

(3) 推进产学研合作,提升科研技术水平

对电子企业而言,自主核心技术是个"胜负手",也是企业安身立命之本。频繁与国际巨头打交道的潘中来感触颇深,"没有自主创新,没有核心技术,我们永远只能是国际巨头的'打工仔',而不可能成为其真正平等的合作伙伴"。

企业的"长生不老药"就是创新,但创新怎么创?潘董事长打了个手势,"如果站在巨人的肩膀上,那你的手就能够伸得更高"。

技术不仅要"精",还要"新",瑞声科技的做法是内智外智并举,打磨"独门武器"。

南京大学的电声专业名扬国际,瑞声科技专门聘请南大电声专业博士生导师到美国公司工作,从理论上为美国客户进行电声专业指导与服务,配合美国大客户进行精微电声器件的开发,既为公司赢得了声誉,也大大缩短了新品开发周期。南京大学人才济济、精英满堂,瑞声科技便在其身畔建起

电声技术研发机构，从专业人才和技术创新上抢得了"近水楼台先得月"的先机。为了更好地提升模具的制造水平，公司与华中科大合作，在华中科大设立了模具技术研发中心；公司与中科院成都有机所合作，进军新型锂离子电池材料的研发与制造业……这样的例子还有很多。

另一方面，瑞声科技不惜巨资把研发机构开设到技术前沿国家：与美国斯坦福大学等合作，开发MEMS硅麦克风产品；聘用北欧电声专家，在瑞典设立研发中心，为客户量身定制新品；聘请发达国家和地区的企业及科技管理精英参与国内企业的管理。瑞声科技借梯上楼，跻身顶尖高手之列。

内智外智并举，"杂交优势"快速凸现。瑞声科技先后获得了"双面电声磁路结构""微型发声器"等多项专利。截至2012年年底，公司先后申请了1200多项专利，其中有800项专利已获授权（包括国外发明专利10件、国内发明专利80件），其研制开发的MSR多功能发声器、SDR微型受话器、DMS微型扬声器等，相继被评为江苏省高科技产品，企业也被评为省知识密集型、技术密集型企业，国家高新技术企业。

2. 实施国际化战略，占领国际细分市场

潘中来董事长认为："民营科技企业姓的是'民'，但绝不是土企业。民营科技企业要增强竞争力，就要敢于走出国门，主动融入国际，成为洋品牌，在更大的舞台上拼抢天地。"也正因此，在创业初期，潘董就经常到深圳、香港等地取经，开拓市场。1990年，与香港一家贸易公司合资，生产电磁式讯响器，产品进入港台地区；1992年，又与一家德国贸易公司合资，产品瞄准中高端，成功打入欧洲市场。产品进入国际市场后，公司获得了快速发展，但中间依然有个"疙瘩"，由于不能直接得到用户反馈的信息与对产品质量的要求，自己有劲使不上、有力没法出，企业在很多地方受制于人。改变受制于人的最好的办法，就是跳过中间商，直接走出国门设终端。1995年，瑞声科技跨出了关键的一步，决定到高科技产业发达、国际经济开放程度最高、与瑞声科技产品配套关联度最大和最具竞争力的美国去新办企业，最终在美国洛杉矶成功筹建开创了威尔逊电子公司。初到美国，两眼一抹黑，公司很难融入美国市场，市场的切入点究竟在哪里？入乡随俗。瑞声科技高薪招聘资深专家、富有电子元器件营销经验的美国人任公司销售副总裁，新公司除了老板是中国人，其他人都是美国人。在管理上，除了制定经营策略,其他也都放手于美国人。信息渠道通了,机遇自然多了。1997年,瑞声科技敲开了美国芝加哥摩托罗拉公司的大门,并赢得了北美市场;2001年,瑞声科技将总部从武进搬到美国洛杉矶,生产基地则留在武进。瑞声科技锁定尖端技术,招揽顶尖人才,随后又分别在德国、瑞典、丹麦、新加坡等地建立了10家公司,完成了全球布局。公司凭着先进的产品开发能力及良好的服务,赢得了全球客户的青睐。继摩托罗拉公司后,瑞声科技又先后成为索尼爱立信、高通等国际知名通信品牌企业的微型发声器件供应商。

"市场无限小,有你就没有我;市场无限大,就看本领大不大。"全球化让瑞声科技有了施展才能的舞台,即使在1997年全球金融危机中,企业的经济效益增幅仍在30%以上。

3. 借力资本运作,实现裂变发展

站在国际舞台上劲舞的瑞声科技,吸引了众多国际风险基金的关注。2005年8月,瑞声科技在美国的子公司ACC通过与海外风险投资重组,在香港主板成功上市(股票代码2018.HK),发行13亿股,顺利筹集资金10亿港币。

上市前为了规避风险,瑞声科技一直靠自身积累以滚雪球的方式发展,这种滚动发展方式限制了企业的经济规模,不能大规模投入进行先进的技术改造,从而无法快速提升企业产品技术创新实力。同时公司由于受规模和知名度的影响,难以引进国际上知名的企业管理精英和技术团队。潘中来认识到,快鱼吃慢鱼、"分新秒异"的信息年代已来到,企业的发展也不能再停留于滚雪球式的成长中,而必须通过资本舞台,寻求裂变的发展。

资本市场的成功运作,让瑞声科技有了充裕的可支配资金,企业发展的步伐由此进一步加快。公司上市8年来,引进了多名国际上有知名度的现代企业管理精英人士和产品技术权威,组建了一个国际化的先进企业管理和世界一流水平的产品技术开发的团队。同时,通过上市,公司进一步规范和优化了管理,极大地提升了企业的国际知名度,拥有了更广阔的国际市场,提高了企业的抗风险能力。

二、新誉集团:技术创新—成果转化—品牌打造—管理创新

新誉集团是一家综合性的民营股份制企业集团。拥有省级工程技术研究中心、博士后科研工作站,是国家火炬计划轨道产业基地骨干企业,铁道

部机车车辆配套的重点生产企业。新誉集团紧抓机遇,实施科技创新,跟踪世界轨道车辆牵引工程领域前沿技术,通过自主开发和引进消化国外技术及高校研究成果,进行新技术、新工艺和新产品的工程化研究,在较短的时间内开发出具有世界高水平的轨道交通牵引装备,迅速跻身于国内牵引系统制造商前列。

1. 实施创新战略,构建创新体系

新誉集团自建厂以来,始终坚持自主创新之路,把创新作为企业精神和企业文化的核心,把"铸百年企业"作为企业发展的恒久目标。集团实施的技术创新战略以企业整体发展目标为导向,为企业的技术改造、市场竞争服务,提高企业技术创新意识,加强企业技术创新管理和保护,培育企业自主知识产权,增强企业整体技术水平能力,使技术创新工作为企业实施重大技术决策、市场竞争决策和企业的长期发展提供有力保障。

创新与和谐是现代企业制度建设的重要内容,是追求高效率适应市场竞争的迫切需要,构建了目标创新、组织创新和过程创新三个维度组成的创新体系。

管理目标创新。树立让用户满意,为用户创造更高的价值,使用户成功的管理思想,转变和提升企业思维模式和管理理念,从追求企业利润最大化的经营管理目标,逐步向追求用户利益和社会利益同步发展的目标转变,与国际先进企业同步发展,服务用户,服务社会,承担起一个国际化企业所应承担的责任。

企业组织创新。借鉴国外企业组织管理的先进经验,创新组织模式和管理方式,使企业组织结构由传统的金字塔式的多层次集中管理模式,转向扁平式分散合作的管理模式,摒弃僵化的组织结构,发展专业化事业部,推行项目经理责任制,改变研发、生产、营销内部脱节、管理随意、协调能力差的局面。

管理过程创新。包含运营机制与运作方式的创新,将柔性管理和刚性管理相结合,弘扬"诚信、务实"的企业精神,建设"忠诚、友善、勤奋、进取"的企业文化,完善人才奖励机制,为员工创造信任和激励、人尽其才的环境,激励和开发员工的创造性和积极性,培养员工的使命感、责任感和创造力。实行新品开发项目负责制,体现责任、贡献与报酬相结合原则;推行员工继续教育制,提高员工的科技文化素质;建立科技学术会议制度,营造企业良好的科技气氛;推行管理职务公开竞选制,鼓励人才脱颖而出;推行人才合理流动制,保持企业创新活力;推行每月管理内审制,强化法治环境;推行QC小组活动制,及时整改,持续提高;推进经营预算与计划管理,加强会计基础工作,强化成本核算,构建资金监督体系;推行岗位竞争末位淘汰制,优胜劣汰;建立企业外部知识信息网络,结合本公司吸收各种新知识,甚至同竞争对手结成战略联盟,共同开拓和培育市场;建立企业内部知识网络,关注创新和集体创造能力的培养,激励员工参与知识共享。

2. 布局高端研发,促进科技成果转化

(1) 打造研发平台,夯实创新实力

新誉集团早在2004年就建成了两个研究试验室——集变流器试验、模拟牵引惰行、制动试验、数据采集分析和监控为一体的交流牵引传动试验台,和10米法EMC电磁兼容实验室。交流牵引传动系统试验台是对轨道机车、动车、地铁车辆的交流牵引电机(还可能包括齿轮箱和轮对)、变流器及其控制装置,甚至包括牵引变压器组成系统的机械和电气性能,进行试验的大功率设备。EMC实验室的电波暗室投资近亿元,由德国FRANKONIA公司引进。该电磁兼容实验室在规模、测试能力(功放器功率、接收机频谱范围、开展的检测参数)等方面在国内处于绝对领先地位,检测设施及设备的配置在国际上也属于一流水平,转台直径5米,载重8吨,为外方交钥匙工程,由国内权威机构提供测试报告。该电磁兼容实验室目前已取得中国实验室认可委员会的认可(No:L1788)、江苏省技术监督局的计量认证(量认苏字H0125)、美国联邦通信委员会(FCC)的认可(No:174996),成为江苏省电磁兼容检测中心六个实验室中唯一的民营的实验室,同时也是检测设备最先进、检测能力最完备的实验室。新誉技术研究院重点发展轨道交通等领域的技术,积极承担建设国家级轨道车辆牵引传动及数控设备工程技术研究中心,创建国家级的轨道牵引传动、风电技术、数控技术研发及科技成果工程化转化平台,形成国内轨道交通、风力发电、数控设备技术领域制高点。

(2) 重视研发经费投入,攻克关键技术

新誉集团重视对技术开发的投入,每年预算销售收入的3%作为研究开发基金,使技术创新和研究开发有充足的资金保证。持续的高投入使公司具备了丰富的技术资源储备,公司在轨道交通和新能源领域承担了国家、省、市级研发项目共18项,企业自立课题40多项;攻克了高速动车、电力机车牵引传动控制系统和空调系统、焊接式钢铝复合导电轨、兆瓦级风电机组整机和关键部件设计等研发难点;开发出了广泛应用于高速铁路、地铁、城际轻轨的牵引变流器、辅助电源系统、空调系统、钢铝复合导电轨及新能源装备1.5MW双馈型风电机组、2MW直驱式风力发电机,同时准确地判断市场与技术导向,研发3MW半直驱式风力发电机组。

（3）开展产学研合作,借力拓展发展资源

新誉集团十分重视产学研合作,将自主创新和巧借外脑相结合,与国内外著名高校和科研机构建立科技协作关系,与世界著名企业建立战略合作伙伴关系,引进先进的技术和设备,共建技术研发联合体,努力在全球范围内组织科技资源为我所用。近年已与加拿大庞巴迪、法国阿尔斯通、德国西门子等世界著名企业实施强强联合、技术合作。在技术引进的同时,使新誉集团成为它们的全球供应商。同时就风电远程控制技术、兆瓦级风机叶片技术、兆瓦级永磁风力发电机设计技术、风机控制技术等的开发,与西南交通大学、北京交通大学、东南大学、南京航空航天大学、铁道科学院、中科院物理研究所、南京14所等国内重点高校、科研院所有着长期良好的科研合作关系,与国外风电领域的先进研究院校和企业建立了合作关系,拓展了国际科研合作渠道,最终实现了"引进、消化、吸收"的自我开发之路。

（4）实施科技成果转化,推进新技术的产业化

新誉集团公司与常牵庞巴迪联合参与省科技投标的"高速重载牵引系统及核心配套部件"项目,是公司承担的省成果转化项目。高速动车牵引传动及控制技术是高速动车必需的技术配置,它推动了车辆技术的进步,成为高速铁路发展的基础,是否拥有成熟的牵引传动及控制技术,已经成为衡量一个国家铁路技术水平的重要标准之一。同时,牵引传动领域的技术进步和成熟,将辐射到电气自动化、节能等诸多领域,助力形成具有核心竞争力的自主品牌。该项目面向中国高速铁路可持续发展的重大战略需求,以提高中国高速铁路系统安全保障水平、基础设施运行效率、高速列车系

统可靠性与节能水平以及高速铁路环境友好性为目的,通过研究高速列车牵引传动系统技术和装备,从根本上提高我国高速列车的可靠性、安全性和运行效率,适应并引领世界高速列车牵引传动模式的技术和装备战略转型。

3. 推进品牌战略,保护自有核心技术

为进一步规范公司的知识产权工作,充分发挥专利、商标等无形资产对企业发展的作用,推动技术创新和形成企业自主知识产权,建立健全知识产权管理体系,新誉集团实施知识产权战略,推行江苏省知识产权管理示范企业创建工作。由研究院运营管理中心专门负责知识产权的管理,并根据实际情况,制定科学的知识产权工作制度,组建专、兼职相结合的知识产权工作管理队伍,配备专项的企业知识产权工作经费,加强专利信息监控工作,依法打击专利侵权行为。建立企业外部知识信息网络,结合本公司吸收各种新知识,甚至同竞争对手结成战略联盟,共同开拓和培育市场;建立企业内部知识网络,关注创新和集体创造能力的培养,激励员工参与知识共享。充分利用已经形成的科技创新能力,引进、消化和吸收国外先进技术和发挥专业特点,不断提升自己的核心技术优势。

4. 强化企业管理,增强核心竞争力

(1) 质量管理

质量决定了产品的生命力。为提高企业质量管控水平,保证产品的安全可靠性,同时加强企业的标准化管理,新誉集团主动开展各管理体系认证工作。目前集团已通过了 ISO 9001 质量体系认证、IRIS 国际铁路产品认证、国际焊接工厂认证、ISO 14001 环境管理体系认证、CB/T 28001 职业健康安全管理体系认证、安全生产标准化认证、ISO 3834 焊接质量管理体系认证、ISO 10012 测量管理体系认证。

(2) 管理信息化

集团领导十分重视信息化建设,自 2006 年成功实施 PDM(产品数据管理)系统以来,在 PDM 系统中完整管理了 420 套产品。在保证企业技术资料完整的同时,提高了设计效率,降低了研发成本,缩短了产品的研发与生产周期。同时,集团已全面上线运行 ERP(企业资源规划)系统,将两个系统中的数据进行了完整的衔接,在信息化的道路上又迈出了坚实的一步,加强了企业内部知识产权保护,创建技术管理平台,使技术创新工作为企业重大技术决策、市场竞争决策、长期有效发展提供了有力的保障。

为减少生产浪费、降低生产成本、提高生产效率,2008年集团引进TPS丰田生产管理模式,通过专家对集团的现场管理、设备管理、品质管理、工作流程等多方面的辅导,结合集团"质量、成本、交期、安全"的八字方针,转变了员工传统观念,培养了一批改善骨干,提升了员工的改善意识。通过全员参与、持续改善,累计实施改善6 000余项,建立了优秀改善案例交流信息平台,并逐步建立TPS标准管理模板信息平台以及改善案例培训教材共享平台;促进了集团各部门以及各子公司相互交流、相互学习、相互借鉴,最大限度地提高了工作效率。

(3) 人力资源管理

新誉集团把人才资源作为企业的第一资源来看待,把科研开发、经营管理、生产一线等方面的人才队伍建设提高到前所未有的高度。结合企业的经营战略决策,对人才总量、结构和素质的需求深入调研,全面掌握人才现状、制定切实有效的人才战略和具体工作措施,坚持"以人为本"的理念、营造尊重知识、尊重人才的氛围,实行人性化的人力资源管理,积极创造良好的育人、用人和留人的环境,努力谋求企业和员工的共同发展。深入实施素质工程,加快员工队伍由体能型向知识型、学习型转变。优化员工成材环境,加强员工技术培训,通过各种手段造就一支庞大的以中级工为主体、高级工为骨干的结构合理的技术骨干队伍,为新产品开发、国产化、提升产品档次提供人才保证。

(4) 企业文化管理

培育具有鲜明特色的企业精神和先进的企业文化,是打造国内一流、国际知名、具有国际竞争力的轨道车辆装备企业的一个重要组成部分,也是增强凝聚力的重要措施。积极开展丰富多彩、员工乐于参与的以创新为主题的活动,构筑与员工的命运共同体,实现企业价值与员工价值的共同增长、共同发展,发挥好职工技术协会和专家技术委员会的作用,营造企业创新氛围。

三、碳元科技:技术创新—人才基金起步—市场需求引领

常州碳元科技发展有限公司是一家以石墨烯导热膜为主导产品的高成

长企业。碳元科技成立于2010年8月,公司注册资本674万人民币,公司现有员工160名,研究生以上学历9名,大专以上学历120名。公司以世界领先的石墨散热技术,服务于国内外多家手机及平板电脑厂家。目前主要的客户有中兴、华为、联想、OPPO、小米、三星、HTC等,涵盖了手机行业一半以上的厂家。公司现有10条生产线,形成了年产石墨烯导热膜30万平方米的产能。

1. 以技术推动发展,以产品引领行业

碳元科技是国内首家能够生产人工合成网状石墨导热膜的企业,建有先进碳材料工程及测试中心。公司经过三年的发展,已经试制成功了一套完整的生产工艺路线,其间承担了石墨导热膜的江苏省科技支撑计划并培养了一批技术骨干;同时拥有了几十项石墨散热领域的技术专利。公司产品秉持高性价比的特色,在成本概念极其强烈的电子产品市场,已经取得了良好的市场份额。公司已建立起了一支完整的团队,引进了包括技术、生产、营销、财务、人力资源等各方面的人才,并成立了相关部门。

目前碳材料在智能手机散热方面的应用,只是碳材料应用领域的一个小小的角落,借这个支点起步,碳元科技在碳材料开发领域大步前进。借助武进创立"西太湖科技产业园"的东风,碳元科技树立了"以技术推动发展,以产品引领行业"的战略思路,与国内外的知名企业、院校,如3M、日本合成、中科院山西煤化所、华东理工大学进行技术交流与合作,筹建"先进碳材料工程技术中心",进行"碳陶复合制动系统""新型石墨节能建材"等产品的开发及产业化,成为一家综合型的先进碳材料研发、生产企业。

公司在与华东理工大学、中科院山西煤化所联合开发的同时,也加快了人才引进及培养的步伐,以组建自己的研发团队。公司加大在技术研发方面的投入,计划建设省级的"先进碳材料工程技术中心",以碳材料为基础,以消费类电子产品为市场,争取每年推出一到两个新品,将碳元科技打造成中国碳材料行业的一面旗帜。

2. 人才基金起步,社会资源发展

碳元科技公司是常州"龙城英才计划"的第一批重点建设企业,江南石墨烯研究院重点孵化企业,得到地方政府的大力扶持,也得到风投资金的青睐,相继得到君联资本、金沙江、九洲创投、点量投资、南京高投、华芳投资等多家投资机构近2亿元的投资。自2011年底搬迁至经发区以来，得到快速的发展，公司新增10条生产线，形成了年产石墨烯导热膜30万平方米的产能，2012年销售额达1.2亿元，2013年达3亿元。

碳元科技总经理徐世中毕业于湖南工程学院，学的是精细化工，毕业后一直有创业的梦想。1998年到浙江宁波工作，陆续有几次创业的经历；2005年到广州，创立了广州晶海化工——配套手机模组件厂家。在一次苹果公司召开的技术讨论会上受到启发，加上基于对智能手机未来发展的判断，他决定研发高性能的石墨烯散热材料。徐总在网上了解到常州在建设石墨烯研究院，就决定到常州来创业，2010年设立了常州碳元科技发展有限公司，通过与石墨烯研究院共建研发、测试平台，降低了创业初期的资本投入，吸引了更多的优秀人才。

尽管2008年还看不到智能手机快速发展的迹象，但徐总觉得移动互联网的发展一定会带来硬件的快速普及，所以选准了创业的产品方向；与石墨烯研究院等孵化器的合作，得到了政府的许多资源，特别是一些荣誉的取得，得到了风投的投资。企业创立时就借助了风险投资的力量，第一笔300万的注册资本是向一位做创投的人士借的；研发成功后进行了第一轮融资，拿到了南京点量的2 400万元的风投资金；市场打开后，又进行了第二轮融资，拿到了联想、金沙江、九洲等创投企业1亿元的风投资金。这些都为企业的快速发展奠定了物质基础。

3. 把握市场需求，引领产业梦想

基于市场的快速发展，公司在2013年4月开工建设新的生产基地，建设石墨化及碳化车间一栋，模切及其他生产厂房三栋，总建筑面积为70 346平方米；另有5层办公用楼一栋，面积为7 383平方米；活动中心一栋，面积为1 900平方米，两期总投资约1.8亿元。公司将实施新一轮的产能扩张，未来几年逐步将高导热石墨膜产能扩大到100万平方米/年，达到10亿元/年的产销规模，新增就业岗位400人左右。

公司2011年9月投产，当年实现盈利，2012年销售额达1.2亿元，利税达8 000万元；2013年销售额超3亿元，利税达到1.2亿元；目前的主要客户有小米、三星、联想、中兴、华为、酷派、OPPO、HTC等智能手机、平板电脑生产厂家。公司在西太湖科技园建设了8万平方米的产业园，将形成10亿元人民币规模的生产能力,利用中国巨大的电子产品生产制造市场,力争用3～5年的时间,实现成为全球最大的石墨散热膜生产企业的梦想。

第四节 常州市隐形冠军企业创新发展问题分析

一、隐形冠军企业产业链分布不够均衡

常州市隐形冠军企业已经成为常州市打造十大产业链的中坚力量,但是部分产业链中隐形冠军企业数量仍然偏少(如通用航空等产业链),这就需要相关政府部门强化隐形冠军企业培育顶层设计,发挥政府引导作用,着力于通用航空、太阳能光伏等产业链隐形冠军企业的引进和培育,延展产业链结构,优化隐形冠军企业在常州市十大产业链中的布局分布。

二、部分隐形冠军企业盈利空间不大

虽然常州市大部分隐形冠军企业盈利情况相对稳定,近三年的平均利润率在10.1%,但是仍然面临着人力成本、融资成本、用地成本等企业运行成本的大幅上升,同时很多行业都面临着国际国内经济环境下行的压力,因而常州市大部分隐形冠军企业盈利空间有进一步被压缩的趋势。15%左右的隐形冠军企业虽然在细分领域有不错的市场占有率但是仍然处于亏损的状态。

三、隐形冠军企业普遍高端人才短缺

多数隐形冠军企业知名度不高,吸引力不强,资金力量薄弱,不利于有针对性、有计划地引进人才、保留人才,同时隐形冠军企业规模较小、稳定性差,能够给予人才的薪资待遇有限,导致人才流失。

四、部分隐形冠军企业融资问题突出

从对66家隐形冠军企业专题调研的情况看,仍然有部分隐形冠军企业受企业规模小、获取要素能力弱等因素影响,在融资时面临可供抵押的物品较少,贷款、贴现等融资成本高等困难,只能靠自我积累缓慢发展。

第五节 常州市隐形冠军企业创新发展对策和建议

一、强化重视程度,加强顶层设计

常州市各级政府要进一步强化对隐形冠军企业的重视程度,要充分认

识到隐形冠军企业已经成为常州市经济发展的中坚力量,部分隐形冠军企业正在发展成为国际国内细分领域的行业龙头,常州仍然有一大批有潜力的中小微企业正在以隐形冠军企业为目标茁壮成长。隐形冠军企业已经成为常州市落实供给侧改革,提供优质供给的主要力量,正在成为常州市实现价值链向中高端攀升的落脚点,将要成为常州市实现"十三五"智能制造战略的主力军。常州市应该从全市层面围绕隐形冠军企业的培育与发展加强顶层设计,注重优化隐形冠军企业的产业链分布,提升隐形冠军企业对于常州市十大产业链的支撑。

二、出台培育政策,提高精准服务

认真落实李克强总理在2016年5月国务院工作会议中提出的"培育和弘扬精益求精的工匠精神,引导企业树立质量为先、信誉至上的经营理念,推动'中国制造'加快走向'精品制造',赢得大市场"的要求,及《制造业单项冠军企业培育提升专项行动实施方案》(工信部产业〔2016〕105号)等系列文件精神,加快出台常州市隐形冠军企业培育政策。进一步完善工作机制、提升工作效率,确保第一时间掌握、第一时间研究、第一时间解决隐形冠军企业面临的重大问题,加强对隐形冠军企业的分类指导、协调服务,合理配置资源,及时解决隐形冠军企业在资金技术、人才管理等方面的实际问题,提高面向隐形冠军企业服务的精准度。

三、落实财税政策,破解融资难题

认真落实隐形冠军企业的相关财税政策,设立政府主导多方参与的隐形冠军企业发展专项资金,扶持隐形冠军企业技术创新及产业化发展,制定针对隐形冠军企业的科技奖励政策,助力隐形冠军企业的科技创新。进一步完善"政府、银行、担保、保险、创投"五位一体的隐形冠军企业发展与金融融合的机制,构建从天使投资、风险投资、PE投资到券商服务的完整创业投资体系。充分发挥"苏科贷"等金融产品的作用,建立融资风险与收益相匹配的激励机制,鼓励融资性担保机构为知识产权质押融资提供担保,拓宽隐形冠军企业的融资渠道。鼓励金融机构开展面向隐形冠军企业金融服务的组织体系、金融产品和服务机制的创新活动,并鼓励金融机构推出面向隐形冠军企业的新型金融产品,开展科技保险、科技担保、知识产权质押等金融服务。

四、面向企业需求,实施人才工程

充分发挥"国家千人计划""江苏双创人才计划""龙城英才计划"等高端人才计划的作用,帮助常州市隐形冠军企业引进和培育懂技术、懂市场、懂管理的高端人才。创新运作体制、机制,落实海外高层次人才居住证制度,为常州市隐形冠军企业急需的海外高层次人才构建绿色通道。在外地和海外设立常州同乡会、商会、联谊会等,吸引国内外人才来常州支持隐形冠军企业发展。搭建企业与院校的桥梁,促进高端人才资源的充分利用和科技项目的合作共享。依托常州市优质职业教育资源,进一步提升职业教育的课程体系与隐形冠军企业用工需求的契合度,对隐形冠军企业急需的技能型人才,政府要与相关院校进行协调重点培养。

五、着力优质供给,巧用外部资源

围绕细分市场制定长期发展的战略规划,发挥工匠精神做优、做强、做精,不要因为短期的市场波动随意更改其战略;发挥隐形冠军企业在细分市场中的优势,注重细分领域技术的长期积累和短期突破,以产品本质为中心,本着一颗匠心,好好地打磨产品品质,做到精益求精,引领细分市场的需求变化,着力于提供优质供给。如恒立油缸专注于液压油缸领域,打破了高压油缸、液压泵、阀等液压核心零部件的国外长期垄断;维尔利专注于生活垃圾处理和垃圾渗滤液处理,已经成为国内该细分领域的龙头企业;中简科技专注于碳纤维的研发与生产,成功打破了国际产业巨头对中国T700/T800级碳纤维市场的垄断。

随着常州企业发展生态体系的逐步完善,企业的发展越来越离不开外部资源支撑。常州市隐形冠军企业在发展过程中,特别是在跃升式发展阶段,一定要改变传统的依靠自身发展稳步积累的观念,要能够充分利用来自外部的人才、资金、政策、技术等资源,实现企业的强势崛起。如瑞声科技借助资本力量实现了裂变式发展,新誉集团通过产学研合作提升了技术创新能力,碳元科技借助政府人才基金实现了创业企业的起步。

六、提升管理水平,关注新兴渠道

随着隐形冠军企业的规模逐步变大,提升管理水平对企业发展也会越来越重要。常州市隐形冠军企业需要进一步创新组织模式和管理方式,尝试扁平式分散合作的管理模式,关注企业内部发展专业化事业部管理模式;

需要强化人力资源管理,探索人才引进和留住的管理方式方法;需要进一步优化企业业务流程,消除冗余环节,降低运营成本,突破瓶颈环节,提升运营效率;积极实施品牌战略,注重培育和塑造发扬企业精神,宣传实现企业愿景,维护企业商誉与形象,增强在细分行业领域内的品牌影响力,在开发新产品、开拓新市场时发挥品牌效应。如新誉集团通过强化企业管理,增强了企业的核心竞争能力;铭赛机器人通过管理运营模式的创新大大提升了员工的积极性;翔云测控通过引进CTPM先进管理理念,提高了生产综合效率,提高了现场管理水平,提升了企业形象。

市场是隐形冠军企业赖以生存和发展的方向,面对国内国际经济环境的新趋势给细分市场带来的新动态,常州市隐形冠军企业要以市场竞争为导向,积极跟踪研究市场需求新变化,根据市场需求的发展调整产品结构和品种系列。加强市场开拓与营销战略的实施,促进新市场、新客户的补充,培育新的市场领域,提升品牌产品的市场占有率,加快推进高端市场,稳定国内市场的同时,进一步开拓海外国际市场,雄踞中国一流,打造世界品牌,提升公司知名度。积极关注互联网、大数据、云计算、移动互联等新兴技术在市场渠道开拓中的新应用,主动跟踪微信、微博等即时通信工具在新兴市场渠道中的新应用。如瑞声科技国际市场的开拓使企业完成了一次飞跃;碳元科技对于智能手机市场的前瞻性把握,使得公司能够以产品引领行业。

他山之石(四):日本YKK只卖拉链活了近百年

一家名为YKK的拉链制造公司活了近百年,仅凭一条小小的拉链撬动巨大的市场,创造出年营业额25亿美元的奇迹。年产拉链84亿条,其长度相当于190万千米,足够绕地球47圈;其生产的拉链占日本拉链市场的90%,美国市场的45%,世界市场的35%。20世纪末,YKK公司已同丰田、索尼等并列成为日本工业发达的代称,而吉田忠雄也成了名闻遐迩的"世界拉链大王"。

一、拉链大王崛起

1928年,20岁的吉田忠雄在日本帮助朋友拯救濒临破产的陶瓷店,在清理店中遗留货物时,吉田意外地发现一大批别人托为代销的拉链。这些拉链因制作粗糙,品质低劣,长时间积压店中,不少已经生锈损坏。然而,这些被别人视为破烂的拉链,却成了吉田眼中的"瑰宝",他借钱买下了这些拉链,开始创业。

1934年1月,吉田创办了专门生产销售拉链的3S公司,员工只有两人。当时,日本生产拉链的方式十分原始,完全靠人工装配,一齿一齿地切合、拉柄、布带,使得故障率高、顾客退货率高,商店存货堆积如山是常有的事。为了解决这个问题,吉田先到大阪拉链厂,利用订货的机会,了解拉链的制造过程。回来后,就潜心研究改进办法。他研制了一些修理小工具,将顾客退回的拉链一条条拿来修理,记下心得,并用图表说明。令他信心大增的是,经他修理而又卖出的拉链,几乎没有人再退回来。

在3S公司三楼的拉链加工厂内,最初那批堆积如山的退货拉链,经过吉田和两个员工的修理,全都作为3S牌拉链出售了。卖到顾客手中的3S牌拉链坚固耐用,甚至经得起铁锤的打击。东京许多经销商都主要进3S的货,并冠以"金锤拉链"的美称。

1938年,3S公司几经扩展,人员已增加到100多人,原有的店铺已不够使用。吉田购地兴建了一座工厂,3S公司也改名为吉田工业公司。

二、绝境逢生

1945年3月10日,美军的一次空袭,使吉田在东京的拉链工厂毁于一旦。面对废墟,吉田的雄心并未倒下,他看到日本战败后经济萧条,商品严重不足,便以此为契机,利用自己办厂的经验和技术,招募工人,筹集资金和设备,很快就生产出大量的拉链。这时,他开始采用商标"YKK",日后闻名世界的拉链王国就此奠基。企业走上新轨道,吉田没想到,而后发生的一件小事会对YKK的发展产生深远影响。

一天午后,一个美国人来到吉田的办公室,提出想看看吉田公司的拉链。吉田拿出公司最好的拉链,报价9美分1条。美国人沉默了片刻,将随身携带的一条拉链拿了出来,吉田试用了后,发觉无论是性能还是设计都远远好于YKK,而其价格更让吉田错愕——7美分40条。此事对吉田的冲击十分大,他在回忆当时的情形时说:"我们根本就没有谈判的余地,我全身都在冒冷汗。"尽管企业在不断发展,但日本的拉链工艺仍处于落后阶段。吉田心里很明白,如果美国的产品进入日本市场,整个日本拉链产业都将崩溃。"未来将不再是手艺高的匠人的天下,而是靠精良机器制胜的时代。"可进口一台美国链牙机要3万~4万美元,单靠一家小企业无法承受,吉田倡议业界一起出钱买进口机器,建立一家共同经营的公司,结果无人响应。而后,吉田一咬牙,花1 200万日元从美国进口了4台全自动链牙机,而当时吉田公司的资本金才500万日元。吉田的钱并没有白花,机械运转高速,性能精良,全厂员工都为之叹服。

然而吉田并没有就此止步,他又做了一件事——邀请日立精机董事长清三郎商谈,决定在3年内研制出100台更好的机器,分批交付使用。后来,100台新型高速链条机中的三三型拉链机,每分钟转4 000转,12分钟的生产量相当于旧机种一天8小时的工作量。

与此同时,吉田再次把目光转向国外,他期待再次开辟自己的"拉链王国"的新疆域。随着日本与西欧、北美的贸易大战不断升级,吉田预见到,西欧、北美国家必然会通过提高关税来限制日本商品的进口。为了在夹缝中生存下去,他把发展海外业务的策略定为:利用当地的劳动力,在海外建厂生产,就地推销商品。这样一来,不仅降低了成本,巧妙地绕过了关税提高的问题,还不影响自己在当地的贸易。吉田笑称,这是"把利益还给当地人,让当地人参与经营"。

盘子大了,工艺上自然也得下功夫。在YKK的众多工厂里,看不到一部使用年限超过3年的机器,公司每年都生产上万台机器供给下属工厂更换使用。"虽然生产拉链的机器使用寿命很长,但只有前几年才能发挥它的最佳功效,因此要不断更新"。事实上,从1953年开始,YKK就开始实施设备自制战略,除特殊情况以外,公司拉链和铝型材的制造设备全是由YKK的工厂制造的。在工厂中,有一半人在技术研究部和制造本公司设备的设备部工作。

1958年,50岁的吉田忠雄终于如愿以偿,这一年YKK年产拉链的长度可绕地球一周。

三、成功的秘诀

有人追问靠350日元起家的吉田,他成功的秘诀是什么?他的回答是:"我在17岁念高中时读到一本书,给我印象十分深刻,便是'除非你将你所得利益,设法与他人分享,否则你这一生不会成功',这就是善的循环,它给了我成功。"

在吉田看来,"善的循环"就是YKK的核心理念。这种善不是强取而是给予。为了实现"善的循环",吉田准许YKK公司雇员购买公司的股票,持股者每年可得18%的股息。21世纪初,YKK公司的职工拥有公司股份占比50%以上。同时,他规定公司职工可把工资及津贴的10%和奖金的50%存放在公司里,用以改善和扩大公司规模,公司每月向存款的职工支付比银行定期存款利率还要高的利息。这对职工产生了很大的吸引力。到1983年底,职工在公司的存款已累积到4 200多万美元。此后,YKK每年支付出的红利中,吉田占16%,其家族占24%,其余由职工们分享。

同样,面对消费者,吉田也给予信赖。1973年10月6日,在世界范围爆发了大规模的石油危机。油价从原先的3美元/桶暴涨至11美元/桶。在其他董事呼声一片,要用涨价来应对暴涨的油费时,吉田保持了冷静,他说:"即使遭受100亿元的损失,我们也要维护客户对我们的信赖,由企业来承担这方面的损失。"当然,他不也忘鼓励大家,说:"这种状况不会持续很久的。"果然,几个月后油价开始回落,YKK又渡过了一个难关。

如果说"善的循环"是吉田"笼络人心"的良药,那么,对产品的极致追求则是他建立大业的根本。当初,为探寻如何研制铝合金的答案,他乘上泛美客机,出国去考察。他在美国观看了福特汽车厂6秒钟生产出一辆汽车的传送带式的流水线;在欧美考察了众多的精密机械厂和合金厂。他把每天的考察心得记在小本子上,或用照相机拍下来,当晚无论多累,也要写成文章寄回日本。对有关铝合金、自动化生产线、精密机具与国际贸易等的专业知识,他更是孜孜不倦地学习,终于满载而归。

回国之后,吉田以新学到的"闪电战术",马上开始行动。他将有关铝合金考察结果、个人的建议,悉数交给日立制作所。在他的督促下,冶金专家通力合作,终于研制成功适用于拉链的铝合金,并开发出一种隐形铝合金拉链。虽然隐形拉链在美国早已畅销,但吉田忠雄的铝合金隐形拉链却大有后来居上之势。

《洛杉矶时报》1998年的一篇报道称:"YKK公司自己炼铜、自己调制聚酯、自己纺纱捻线、自己为拉链贴布染色、自己制作其独特拉链齿的模具……甚至自制发货箱。"当外界还在感叹这个传奇时,YKK早已塑造了牢固的老字号形象。一根拉链永远无法成就一件衣服,但它能轻而易举地毁掉一件衣服。

他山之石(五):德国工匠精神造就隐形冠军

在许多人的心目中,"德国制造"代表着结实、耐用和精美,是高质量的保证。"德国制造"的成功,与德国人严谨、一丝不苟和精益求精的工匠精神分不开。而孕育德国人的工匠精神的大环境是怎样的,是个特别值得深入挖掘和探讨的问题。

一、"双元制"培养高质量人才

作为制造业强国,德国向来注重制造业人才的培养,其"双元制"职业教育体系为制造业源源不断地输送着高质量的人才。德国机械设备制造联合会东南亚地区经理奥利弗·瓦克认为,"双元制"职业教育是"德国制造"成功的关键因素。

德国小学生小学4年毕业之后就将面临人生的一次重大"分流"。成绩优异的学生将进入文理中学,走上通往大学的道路。更多的学生则流向了通往职业教育方向的中学,这部分学生中学毕业之后或者经过职业培训后就业,或者进入高等院校——应用科学大学深造。

在"双元制"教育体系之下,学生交替在学校和企业学习,在学校学习理论知识,在企业进行实践操作。按照德国政府相关规定,德国企业有义务提供职业教育的培训岗位,这使得职业教育体系下的学生能够顺利进入企业或者工厂,跟着有经验的技师学习第一手的应用型知识。

虽然名义为实习,学生在企业的培训阶段实际上着眼于解决实际问题,师傅传授给学徒的都是当下应用在生产第一线的实用知识和技术,这也意味着学生们在学校理论知识的指导下,通过企业的实习和培训,取得职业认证资格后实际上就成了各个岗位上合格的技师。

由于培训的学员很可能会成为自己企业生产线上的员工,德国企业在配合政府做职业培训方面通常十分认真、一丝不苟。在一次戴姆勒汽车公司组织的辛德尔芬根工厂的参观活动中,公司陪同参观的职员告诉记者说,经过戴姆勒培训、成功取得认证资格的学员在就业市场上十分受欢迎,公司往往还要想办法留住优秀的培训学员,他们是保证企业长期发展的"源头活水"。

值得一提的是,德国的职业教育尤其是高等职业教育并不等同于低学历和低收入。以应用科学大学为例,学业合格者同样可以获得硕士等高等教育学位。应用科学大学为德国输送了七成左右的工程师,这类大学也被称为德国"工程师的摇篮"。

德国社会中不乏做过学徒并大有作为的实例:德国前总理施罗德14岁时做过售货员学徒;"汽车之父"戈特利布·戴姆勒中学毕业后曾在军械厂做学徒;博世公司的创始人罗伯特·博世创业时只有二十出头,做过几年学徒,没有大学学历,因为他深知培养学徒的重要性,于1913年创建了学徒班。

二、一个德国工人顶三个用

在德国,工厂里的技工和工程师都是十分受人尊敬的职业。职业介绍和就业代理机构Stepstone的一份2016年德国工资报告表明,在德国工程师是收入较高的职业之一,仅排在医生和律师之后,位列第三。

即使是没有接受过高等教育的技师,其收入同全国平均工资相比也并不低。而技师只是毕业生们的人生起点,通过经验累积和自我提升,技师还可以提升为收入更高的师傅。如果技师有兴趣,还可以进入应用科学大学,取得文凭后成为工程师。

德国林德液压是行业领先企业,在林德液压工作的中国员工张凯在接受记者采访时透露,在林德液压的工厂里,一个工人除了生产之外,还能同时维护设备和负责质量检查,而这三项工作在别的国家可能需要由三个不同的工人来承担,可以说一个德国工人顶三个人用,德国职业教育体系下的技工素质之高由此可见一斑。

在德国,质量是产品的生命,同时也与生产工人的职业声誉息息相关。据介绍,在德国工厂,如果一个技师出现两次以上的错误将面临巨大的职业压力。如果一个技师因为生产中出现质量问题而被解雇,他以后将很难再在行业内找到新的工作。

三、中小企业成工匠精神典范

德国工匠精神在中小企业的身上体现尤为明显。同许多国家不一样,德国向来重视中小企业的发展,并将其视作德国经济的支柱。在德国的商业领域,绝大部分企业为中小企业。许多并不知名的德国中小企业,经过长期耕耘成为国际市场的隐形冠军,成为各国企业界研究的对象。

同其他国家的企业相比,德国的中小企业有着明显的特点:一是许多中小企业都是家族企业,有着悠久的历史;二是中小企业普遍都拥有较长期的发展战略,而且不会因为短期的市场波动随意更改其战略;三是这些企业通常都着眼于高端"缝隙市场",拥有全球领先的技术。

许多德国中小企业都有着相同的成长轨迹。通常,中小企业会从一个看似不太起眼的细分市场开始深耕,不断积累技术优势,最终成为行业领跑者。

德国工匠精神的核心内涵是精益求精。德国中小企业将这种精神发挥到了极致。对这些中小企业而言,掌握行业内最顶尖的技术,打造质量最高的产品是它们矢志不渝的信条。因此,许多人认为,德国的工匠们并不相信"物美价廉"。他们追求的是用最好的技术打造最好的产品,这些产品往往售价很高,处于行业顶端。

瓦克认为,德国制造业的成功十分独特,这是因为其成功是建立在职业教育、社会和行业等一整套系统上的成功,这种完整的"生态系统"在其他国家还没有见到过。

附录1 常州市隐形冠军企业发展情况调查问卷

尊敬的女士/先生:

您好!非常感谢您在百忙之中填写这份调查问卷,本调查问卷旨在完成市创新创业与改革发展研究中心 2016 年度研究课题,不涉及其他用途,对相关资料本课题组均严格保密,请您根据企业实际情况放心填写。谢谢!

一、企业情况

1. 企业名称:_____;成立年份:_____。
2. 企业属性(请选择)_____。
   (1) 民营   (2) 集体所有   (3) 国有   (4) 混合所有
   (5) 中外合资 (6) 外资   (7) 其他
3. 企业类型(请选择)_____。

（1）国家级高新技术企业　　　（2）省级高新技术企业

（3）市级高新技术企业　　　　（4）其他

4. 企业主要产品类型 _____ 在全国市场份额占有率为 _____%，在全球市场份额占有率为 _____%。

5. 2013—2015年企业发展有关数据。

		2013年	2014年	2015年
主营收入/万元				
总利润/万元				
职工人数/人				
新产品销售收入/万元				
出口额/万元				
海外投资额/万元				
研发投入/万元				
授权专利总数/项				
授权发明专利数量/项				
科技奖励/万元	国家级			
	省级			
	市县级			
研发人员数/人				
企业管理人员数/人				

二、企业建议

1. 您觉得企业在科技创新服务方面有哪些是需要政府提供服务的？

2. 您觉得企业要成为(或保持)细分行业的隐形冠军,在未来三年中主要努力方向和举措有哪些?

再次感谢您的支持!最后,祝贵企业蒸蒸日上,再创辉煌!

附录2 常州市隐形冠军企业发展影响因素测度表

尊敬的女士/先生:

您好!非常感谢您在百忙之中填写这份调查问卷,本调查问卷旨在完成市创新创业与改革发展研究中心2016年度研究课题,不涉及其他用途,对相关资料本课题组均严格保密,请您根据企业实际情况放心填写。谢谢!

一、企业情况

1. 企业名称:＿＿＿＿＿＿＿＿＿＿＿＿＿＿;成立年份:＿＿＿＿＿＿。

二、隐形冠军影响因素测量(请选择)

请您根据所在公司实际情况的符合程度进行打分:① 为强烈反对;② 为不同意;③ 为既不同意也不反对;④ 为同意;⑤ 为坚决同意,即数值越大表示越同意此项。请选择。

序号	测量变量	评分(完全不符合~非常符合)
1	企业在所处细分行业市场上拥有领导地位	① ② ③ ④ ⑤
2	企业具有勇夺市场第一、追求最佳的公司理念	① ② ③ ④ ⑤
3	核心技术是影响企业核心竞争力的重要因素	① ② ③ ④ ⑤
4	客户服务是影响企业核心竞争力的重要因素	① ② ③ ④ ⑤
5	成本优势是影响企业核心竞争力的重要因素	① ② ③ ④ ⑤
6	产品的技术含量高,有多重认证	① ② ③ ④ ⑤
7	企业专注于某一特定的产品市场	① ② ③ ④ ⑤
8	企业与客户之间的关系十分密切	① ② ③ ④ ⑤
9	企业拥有一流的市场营销机构	① ② ③ ④ ⑤

续表

序号	测量变量	评分(完全不符合~非常符合)
10	企业有较强的成本优势	① ② ③ ④ ⑤
11	企业有强大的研发团队	① ② ③ ④ ⑤
12	企业拥有一系列核心产品	① ② ③ ④ ⑤
13	企业高度重视企业接班人的选拔	① ② ③ ④ ⑤
14	企业的领导风格倾向于权威式	① ② ③ ④ ⑤
15	企业的领导风格倾向于参与式	① ② ③ ④ ⑤

参考文献

[1] 厉以宁. 中国经济双重转型之路[M]. 北京：中国人民大学出版社,2013.

[2] 陈劲. 企业创新生态系统论[M]. 北京：科学出版社,2017.

[3] 陈劲,阳银娟. 协同创新的理论基础与内涵[J]. 科学学研究,2012(2)：161-164.

[4] 洪银兴. 科技金融及其培育[J]. 经济学家,2011(6)：22-27.

[5] 吴晓波. 中国先进制造业发展战略研究：创新、追赶与跨越的路径及政策[M]. 北京：机械工业出版社,2013.

[6] 王庆金,马伟. 区域协同创新平台体系研究[M]. 北京：中国社会科学出版社,2014.

[7] 梅强. 中小企业创业研究：基于产业集群视角[M]. 北京：中国社会科学出版社,2013.

[8] 施利毅. 科技创新平台[M]. 北京：经济管理出版社,2017.

[9] 张康之. 合作的社会及其治理[M]. 上海：上海人民出版社,2014.

[10] 张云霞. 科技创新与现代化进程[M]. 北京：中国社会科学出版社,2017.

[11] 许欢,孟庆国. 政策和管理叠加创新研究：以"双创"为例[J]. 中国行政管理,2016(6)：51-56.

[12] Zott C, Amit R, Massa L. The business model：recent developments and future research[J]. Journal of Management,2011,37(4)：1019-1042.

[13] Peter L, Kristin F S, Henrik K. Innovating business models and attracting different intellectual capabilities[J]. Measuring Business Excellence,

2009,13(2): 17-24.

[14] 刁玉柱,白景坤. 商业模式创新的机理分析: 一个系统思考框架[J]. 管理学报,2012,9(1): 71-81.

[15] Willemstein L, Valk T, Meeus M. Dynamics in business model: an empirical analysis of medical biotechnology firm in the netherlands[J]. Technovation,2007,27(2): 221-232.

[16] Björkdahl J. Technology cross-fertilization and the business model: the case of integrating ICTs in mechanical engineering products[J]. Research Policy,2009,38(9): 1468-1477.

[17] 张新香. 商业模式创新驱动技术创新的实现机理研究——基于软件业的多案例扎根分析[J]. 科学学研究,2015,33(4): 616-626.

[18] Teece D J. Business models, business strategy and innovation[J]. Long Range Planning,2010,43(2-3): 172-194.

[19] 李志强,赵卫军. 企业技术创新与商业模式创新的协同研究[J]. 中国软科学,2012(10): 117-124.

[20] Zott C, Amit R. The fit between product market strategy and business model: implications for firm performance[J]. Strategic Management Journal,2008,29(1): 1-26.

[21] Baden F C, Haefliger S. Business models and technological innovations[J]. Long Range Plan,2013,46(6): 419-426.

[22] Yin R K. Case Study Research: Design and Methods (Fourth Edition)[M]. California: Sage Publications,2009.

[23] 周江华,仝允桓,李纪珍. 基于金字塔底层(BoP)市场的破坏性创新——针对山寨手机行业的案例研究[J]. 管理世界,2012(2): 112-130.

[24] 罗珉,李亮宇. 互联网时代的商业模式创新: 价值创造视角[J]. 中国工业经济,2015(1): 95-107.

[25] Amit R, Zott C. Creating value through business model innovation[J]. Solan Management Review,2012,53(2): 41-49.

[26] Chesbrough H. Business model innovation: opportunities and barries[J]. Long Range Planning,2010,43(3): 354-363.

［27］江积海,张烁亮.平台型商业模式创新中价值创造的属性动因及其作用机理[J].中国科技论坛,2015(7):154-160.

［28］邵鹏,胡平.电子商务平台商业模式创新与演变的案例研究[J].科研管理,2016,37(7):81-88.

［29］李垣,刘益.基于价值创造的价值网络管理(I):特点与形成[J].管理工程学报,2001(4):38-41.

［30］高闯,关鑫.企业商业模式创新的实现方式与演进机理——一种基于价值链创新的理论解释[J].中国工业经济,2006(11):83-89.

［31］吴晓波,陈小玲,李璟琰.战略导向、创新模式对企业绩效的影响机制研究[J].科学学研究,2015(1):118-127.

［32］陈劲.开展迎接创新强国的技术创新研究[J].技术经济,2015(1):1-4.

［33］洪银兴.以创新的经济发展理论阐释中国经济发展[J].中国社会科学,2016(11):28-35.

［34］陆国庆,王舟,张春宇[J].中国战略性新兴产业政府创新补贴的绩效研究[J].经济研究,2014(7):44-45.

［35］张来武.论创新驱动发展[J].中国软科学,2013(1):1-5.

［36］范如国.复杂网络结构范型下的社会治理协同创新[J].中国社会科学,2014(4):98-102.

［37］魏守华,吴贵生,吕新雷.区域创新能力的影响因素——兼评我国创新能力的地区差距[J].中国软科学,2010(9):76-85.

［38］Osterwalder A. Designing business models and similar strategic objects: the contribution of IS[J]. Journal of the Association for Information Systems,2013,14(5):237-244.

［39］Teece D. Business models, business strategy and innovation[J]. Long Range Planning,2010,43(2):172-194.

［40］王琴.基于价值网络重构的企业商业模式创新[J].中国工业经济,2011(1):79-88.

［41］程絮森,朱润格,傅诗轩.中国情境下互联网约租车发展模式探究[J].中国软科学,2015(10):36-46.

[42] 刘建刚,钱玺娇."互联网+"战略下企业技术创新与商业模式创新协同发展路径研究——以小米科技有限责任公司为案例[J].科技进步与对策,2016,33(1):88-94.

[43] 胡保亮.商业模式、创新双元性与企业绩效的关系研究[J].科研管理,2015(11):29-36.

[44] Aagaard A, Lindgren P. The opportunities and challenges of persuasive Technology in creating sustainable innovation and business model innovation[J]. Wireless Personal Communication, 2015,81(4):1511-1529.

[45] Boons F, Luedeke-Freund F. Business models for sustainable innovation: state-of-the-art and steps towards a research agenda[J]. Journal of Cleaner Production,2013,45(3):9-19.

[46] Ghoshal S. A new manifesto for management[J]. Sloan Management Review,1999(3):9-19.

[47] John M. China's emerging software industry[J]. International Journal of Emerging Markets,2011,6(3):276-283.

[48] Arnoud M. Technology strategy and China's technology capacity building[J]. Journal of Technology Management in China, 2008, 3(2):137-153.

[49] Tor G. Industry clockspeed's impact on business innovation success factors[J]. European Journal of Innovation Management, 2011, 14(3):322-344.

[50] 秦全胜,李智勇.林业产业技术创新战略联盟的系统动力学分析——以木竹产业为例[J].科技管理研究,2013(23):7-16.

[51] Nuri C O, Gokhan E, Omer T. Towards greening the US residential building stock: A system dynamics approach[J]. Building and Environment,2014(78):68-80.

[52] 周园,袁颖慧.基于SD模型的合作创新全过程知识产权风险控制研究[J].科技管理研究,2012(20):175-178.

[53] 贾文婷,武忠.基于SD模型的可再生能源技术创新动力要素研究[J].情报杂志,2012,31(2):32-35.

[54] Behdad K, Hadi S, Fahime K B. System dynamics approach to analysing the cost factors effects on cost of quality[J]. International Journal of Quality & Reliability Management, 2009, 26(7): 685-698.

[55] Atul S, Pradeep K, Dinesh K. System dynamics investigation of information technology in small and medium enterprise supply chain[J]. Journal of Advances in Management Research, 2012, 9(2): 199-207.

[56] Andreas G. An exploratory system dynamics model of strategic capabilities in manufacturing[J]. Journal of Manufacturing Technology Management, 2010, 21(6): 137-153.

[57] Salman A, Razman M T. Using system dynamics to evaluate renewable electricity development in Malaysia[J]. Kybernetes, 2014, 43(1): 24-39.

[58] 李煜华,陈文霞,胡瑶瑛.基于系统动力学的复杂产品系统技术创新联盟稳定性影响因素分析[J].科技与管理,2010,12(6):25-27.

[59] Daniel G, Matthias K, Boris B. Patent-based investment funds as innovation intermediaries for SMEs: in-depth analysis of reciprocal interactions, motives and fallacies[J]. Technovation, 2012, 32(9-10): 536-549.

[60] Tan X M. Clean technology R&D and innovation in emerging countries—experience from China[J]. Energy Policy, 2010, 38(6): 2916-2926.

[61] Johannes U. The strategic design of technology funds for climate cooperation: generating joint gains[J]. Environmental Science & Policy, 2012, 15(1): 92-105.

[62] 刘凤朝,姜滨滨,孙玉涛.基于结构—过程的公共R&D投入技术创新效应机理分析[J].管理学报,2013,10(3):421-429.

[63] 梁莱歆,马如飞,田元飞.科技经费投入结构与企业技术创新——基于我国大中型工业企业的实证研究[J].科学管理研究,2009,27(4):104-107.

[64] 苏靖.产业技术创新战略联盟构建和发展的机制分析[J].中国软科学,2011(11):15-20.

[65] John L T. Innovation through people[J]. Management Decision,

2004,42(9):1028-1094.

[66] Connie Z. The inner circle of technology innovation: a case study of two Chinese firms[J]. Technological Forecasting and Social Change,2014,82:140-148.

[67] 赵瑞美,徐玲.科技人才雇佣柔性与技术创新绩效关系实证研究[J].科技进步与对策,2013,30(2):147-152.

[68] Kagan O. Managing knowledge for innovation and intra networking: a case study[J]. Procedia—Social and Behavioral Sciences,2012,62(24):59-63.

[69] Yung L L,Maw S H,Feng J L,et al. The effects of industry cluster knowledge management on innovation performance[J]. Journal of Business Research,2014,67(5):734-739.

[70] 徐巧玲.知识管理能力对企业技术创新绩效的影响[J].科技进步与对策,2013,30(2):84-87.

[71] 金昕,陈松,徐劲松.企业知识管理方式对技术创新过程和创新绩效的影响研究[J].预测,2014(3):15-33.

[72] 赫尔曼·西蒙.隐形冠军[M].北京:经济日报出版社,2005.

2004,42(9):1028-1094.

[66] Connie Z. The inner circle of technology innovation: a case study of two Chinese firms[J]. Technological Forecasting and Social Change,2014,82: 140-148.

[67] 赵瑞美,徐玲.科技人才雇佣柔性与技术创新绩效关系实证研究[J].科技进步与对策,2013,30(2):147-152.

[68] Kagan O. Managing knowledge for innovation and intra networking: a case study[J]. Procedia—Social and Behavioral Sciences, 2012, 62(24): 59-63.

[69] Yung L L, Maw S H, Feng J L, et al. The effects of industry cluster knowledge management on innovation performance[J]. Journal of Business Research,2014,67(5):734-739.

[70] 徐巧玲.知识管理能力对企业技术创新绩效的影响[J].科技进步与对策,2013,30(2):84-87.

[71] 金昕,陈松,徐劲松.企业知识管理方式对技术创新过程和创新绩效的影响研究[J].预测,2014(3):15-33.

[72] 赫尔曼·西蒙.隐形冠军[M].北京:经济日报出版社,2005.